あなたが未来に
選択肢を残すための

「よりよい」生き方

美達大和

WAVE出版

はじめに

はじめまして、美達大和《みたつやまと》です。

この書を手にとってくれたあなたと私、ご縁がありましたね。

一冊の書との出会いというのも、人と人が出会うのと同じく「縁《えにし》」であり、それを人生にどのように活かすかは、人間同士の関係と等しい「化学反応《ケミストリ》」なのです。

私は現在61歳になる「万年青年」ですが、その人生は光り輝く上昇から、暗転の墜落まで超高速のジェットコースターのようでした。その過程で自分の目的、目標通りかそれ以上にうまくいった部分と、己の至らなさから無残にも失敗した部分、さらに現在の無期懲役刑の無期囚になった原因など、さまざまな事象の要因を反省し、検討してきたことを土台として、あなたが生きていく上で、少しでも、いや、より多くの有益なコツやノウハウ、人としての在り方を伝えたいと思い、本書を書きました。

本書では、
・学ぶこと
・働くこと

・政治に参加すること
・本を読むこと
・コミュニケーションのこと
・生きること
・お金、経済のこと
・これからの日本とあなたの未来のこと

について私の経験と知識と知恵を総動員して役に立ちたいと思い、綴っています。

今、列挙したこれらのことは、あなたが日々の生活において意識せずとも向き合っていることですが、それらの意味や意義を考えたり、よりよい自分の未来を築くために有効に活用したりできるようにという思いを込めています。

どんな人であれ、**その人の人生や未来を作るのは、その人の価値観を基礎とした思考であり、思考を動機や土台とした行動**です。

本書を手にしたあなたがこれから生きる、働く、学ぶなどについて、心の奥底から充実して生き甲斐を感じられるようにお手伝いできることは、私にとって大きな喜びです。

単にコツやノウハウを伝えるだけではなく、人間を動かす情熱をも是非伝えたいし、感じて欲しいと思っています。

ここで少しだけ自己紹介をしましょう。

現在の私は服役して四半世紀、25年以上経つ無期懲役刑の受刑者です。事件はその場の衝動ではなく、周到に計画した確信犯です。その動機を、つい当時は正しいものと信じていましたが、その後、己の過ちに気付き、取り返しのつかないことをしたという謝罪の意味も込めて社会には出ない、社会での人生を放棄するという生活をしています。これ以上の詳細は拙著『人を殺すとはどういうことか』（新潮文庫）に綴ってあるので割愛します。

本書で順を追ってお伝えしますが、私の人生のモットーは、「しっかり働き、よく学び、よく遊ぶ」で、その通りの生活をしていました。

私は3歳になる前から本の虫、ビブリオマニアで、社会にいた頃は毎月100冊から200冊、週刊誌20誌、月刊誌80誌から100誌を読み、連休や盆、年末年始には300冊も珍しくないほどでした。

おまけに超の付く「知りたがり屋」「質問魔」で、納得するまで追究をやめません。

それは服役してからも変わらず、現在も平均すると毎月100冊前後、多い月は最高で250冊読む生活をしています。

塀の中での私の生活は、ひたすら「時間との闘い」に尽きます。余暇時間（自由時間のこと）が始まると決して大袈裟ではなく一秒たりとも無駄にしない、「時間は命」の日々です。これは、社会にいた頃からの習慣でもありました。

一日が24時間というのは全人類に等しく与えられた条件ではあるものの、その使い方によって大きな差が出るのです。**時間を無駄にするというのは命を無駄にすること**でもあります。

私が社会にいた頃は、40代半ばから50代前半には仕事の第一線から退き、家庭に恵まれない子どもたちのための施設を作るのだと決めていました。そこで一般家庭以上の暮らしとレベルの高い教育を用意し、各人に自らが望む人生を実現できる能力と意志の強さを身につけて欲しかったからです。

順風満帆、飛ぶ鳥さえ落とす勢いだった私の人生は己の偏狭さのせいで暗転しました。もう施設を作ることは不可能となりましたが、ならば、せめて恵まれない子どもたちの大学進学を支援したいと、畑違いに感じていた本の執筆と刊行に励んでいます。

社会にいた頃から施設への寄付をしていましたが、服役後も変わらず細々ながら続けてきました。これは、かねてからの思いと、自らの考え違いによって大罪を犯したことへの反省から、残りの人生は社会や他者のために、これまで以上に役立つように生きたい、よりよく生きたいという希望があるからでした。

また受刑者には、塀の中に入ってしまえば何ら社会的、人間的、能動的、主体的な活動をすることなく、ただテレビや低俗な本など目先の娯楽に流されて無為に時を過ごすだけという「お約束」「常識」がありますが、私はそんな生き方ができません。

私が標榜してきたのは、**自分にしかなり得ないなにものかになるという生き方**です。

これは中学生の時に出会ったロマン・ロランの『ジャン・クリストフ』を読んだことがきっかけです。クリストフの、無謀さと無垢さを孕んだ真っ直ぐな生き方、強い志を持った生き方に惹かれたからでした。

塀の中においても、受刑者として社会的活動をしてやるという気構えで生活することの一環として、執筆活動をしています。

人間とは、どのような境遇になろうとも情熱を滾《たぎ》らせることができる、夢や目標を持てるものなのだと実感しました。従来の受刑者の、社会性を放棄した常識に流されることなく、自分にしかなり得ないなにものかになるために日夜、燃えています。

たしかに社会にいることと比べればあらゆることが限定され、自由度が大きい中での夢や目標は持てません。それでも現在の境遇下で夢も目標も未来もあるのです！

それは決して暗いものではありませんが、そのように考えると、あなたの未来がいかに果てしなく大きく、無限の可能性を秘めているかわかるのではないでしょうか。その可能性を実のあるものにすべく、本書では必要な思考、それぞれの意義、ノウハウ、具体的方法を示してあります。

若い人に何かを伝えるということでは、拙著『女子高生サヤカが学んだ「1万人に1人」の勉強法』（プレジデント社、後に小学館文庫）が9刷のベストセラーになっています。これは、もし私が社会にいたなら我が子にこのように伝えたであろう、接したであろうという思いを込めてできた一冊でした。望んでも叶わなかった我が子への助言や処世上のヒントを伝えたい、真によい人生に向かって欲しいという願いが形になりました。

今また、若いあなたのこれからの未来、人生をよきものにするために何かを伝えられることは大きな喜びであり、身の引き締まる思いです。

私は常習犯罪者でもなく、反社会的思考、志向の持ち主でもありません。それどころか、周囲の誰に尋ねても勤勉、真面目、正直なハードワーカー、特別な人でした。

その私がとんでもない大罪を犯すようになった原因も述べてあります。また、生きていく上では、すべき失敗とすべきではない失敗がありますが、その区別についても触れました。社会ではその区別を分別、聡明さ、賢さとも呼んでいますが、あなたの輝かしい未来のためにも是非、身につけて欲しいことです。

輝ける未来、よりよい人生を作るのは特別なことではなく、日々の小さな積み重ねの上にあります。その過程で正しい思考と行動を続けるだけであり、本書はそれについて役立つべく考えて綴ります。

人生は航海にたとえられることが少なくありませんが、華やかなファンファーレと紙吹雪によって祝福された船出もあれば、ひっそりとした船出もあります。

大事なのは実際に航海が始まってからであり、本書をあなたにとっての羅針盤や方角を示す星座とし、風を読んで進むためのノウハウを伝えたいと思っています。

どうか虚心に受けとめ、考え、行動し、「ああ、生きていてよかった!!」と感じる瞬間を増やして下さい。

そうして、その尊い思いを他者や社会の恵まれない人、弱者とされている人たちにも伝えて欲しいのです。

「生きる」ということは単に呼吸しているということではありません!!

正しく明確な目標、目的を掲げ、それを実現すべく日々、刻苦勉励すること、小さな努力を飽くことなく積み重ねていくことです。

そのための道標《みちしるべ》、広大な世界の中で方向を知らせる星座となり得たら、幸いです。

本書を繙《ひもと》き、燦燦《さんさん》たるあなたの未来を創造する一歩を一緒に踏み出しましょう!!

目次

第三章 なんで政治に参加するべきなのか

第四章 なんで本を読むべきなのか

第五章 なんでコミュニケーションが大切なのか

第六章 なんで生きるのか

第七章　なんでお金が必要なのか

第八章　これからの日本とあなたの未来について

装画　石山さやか
装幀　大場君人
DTP　五十嵐ユミ
校正　株式会社ぷれす

第一章
なんで学ぶのか

学ぶことの基本とは何か

「学ぶ」というと、若いあなたは反射的に学校の勉強、授業を連想するのではないでしょうか。

受験のため、あるいは成績のため、気は進まないのに仕方なく勉強していたという、あまり思い出したくない記憶かもしれません。しかし、その学校の勉強にしても、あなたの人生にとっては一つのトレーニングになっていたのです。

トレーニングとはどういうことか、あなたは怪訝《けげん》に感じたかもしれませんが、その意味について説明しましょう。

学校の勉強というのは、人が何かを学ぶ、身に着けるという行為の基礎になります。新しいこと、未知のことについてどのように接し、学び、身につけるかという練習、訓練が勉強の本質と言っても過言ではありません。

最初に教科書をどのように読むか、あなたなりのマーカーやアンダーラインをどう引き、それをノートにメモするか、ノートにはどんな形式で書くか、その後はどのように活用するかなどが第一段階の訓練です。

次はあなたの頭の中に入れて覚えて定着させる作業となります。ひたすら声に出してみる。繰り返し書いてみる、床に就いてから記憶を再現してみる、翌朝の起床後に記憶しているか確かめてみるなど、人それぞれでしょうが、覚えるという訓練です。

学習の内容によっては覚えることと併行して、自らの頭で考えるということもあるでしょう。

自分が可能な学習時間の中で、ここまでの過程をこなすには、時間配分も重要な鍵になります。美しいノートを作ることに時間と労力を使い過ぎれば、他の勉強をする時間が減ってしまうので、あなたなりの時間配分を心がけなければなりません。中には美しいノート作りに命をかけるような人もいるでしょう。

それでは本来の勉強の目的に対する効率を著しく低下させてしまいます。時間配分をすることで、勉強していく過程で自分に合っているであろうやり方やバランスを見つけることができるのです。

そうしてしっかりと身に着けようとするならば、アウトプットが重要です。覚えたこと、学んだことを自身の内にしまい込んでおくだけではなく、積極的に外に出していかねばなりません。

誰かにその内容を話してみる、改めて自分流の言葉で書いてみる、友人同士で話し合う、質疑応答をしてみるなど方法はいろいろですが、自分の頭の中にどのように、どれくらい定着しているかを確かめ、不足していれば補うようにすることが大切です。また不足や欠けてる部分が多ければ、それまでの勉強方法に問題点がなかったのか、より効果的な方法はないのか試行錯誤して、その時点ではあなたにベストと思われる方法を見つける作業も重要なトレーニングになります。

学校や塾などのテストというのは、勉強したことがどれだけ定着しているか、あなたの勉強の方法が正しいかどうか、その成果を測るものでもあるのです。

成績がいいということの意味とは？

世の中の多くの人は「成績がいい＝頭がいい」と疑いもしませんが、**「成績が悪い＝頭が悪い」ではありません。**

また、成績がいい人たちを成績順に並べたとしても、必ずしも本来の頭のよさの通りに並ぶことはありません。ここで勉強の方法が鍵になります。

たしかに成績のいい人には頭がいいと思われている人が含まれることは否定できませんが、そう思われるくらい上手に勉強について真面目に努力を重ねた人、効果的な方法を身に着けた人がいるのです。

勉強という行為には頭のでき以上に、その人の性格や勉強に対するやる気、態度、方法などが総合的に成績という形になって表れます。生来の知能は高いのに、怠け癖があったり、むらっ気が多かったりする人は、まともに勉強することもできず、本来の成果を出せません。

勉強とはその日だけやって、後はやったりやらなかったりでは身に着かないのです。毎日、地道に取り組む勤勉性、持久力を必要とします。

私は小学校・中学校・高校を通じて同級生に勉強を教えてきましたが、この時に気付いたことは「**成績=頭のよさ**」**ではなく、**「**取り組み方**」**の比重が大きいのだ、**ということでした。尚、このことは仕事にも言え、有名大学の卒業生が全員、成果を出せるということでもなかったのです。

勤勉性や持久力、計画性ということでは、社会で評価の高い東京大学に合格した学生たちの手記に度々、目を通してきましたが、この人たちは受験に対するリテラシーが高く、どうしたら合格の確率を上げられるかを考え、そのために無駄をカットし、合格ラインを超えればいいという勉強の仕方を選択することが少なくありません。

こうした分析ができて、それに合わせた勉強の計画を立て、実行できたというのも、日頃からの勉強をトレーニングとしてきた結果と言えます。要は頭と時間の使い方が上手だったのです。

東京大学に合格したから100%特別に頭がいいとは限りませんが、自らの目標を明確にし、実現のためにどうすればよいのかという戦略を立てて、あとはむらなく勤勉にやり通せた計画性、意志の力、持久力があるという点で、同じことをしても他者より達成する能力やモチベーションが高いのは当然です。

企業はなぜ高学校歴卒業者を求めるのか

この世は学歴社会だ、いや、学歴社会は終わったと論争されて、20年前後、いや、論じ方ではそれ以上の歳月が経ちますが、大卒というだけで高学歴という時代は終わりを迎えています。

私のいるＬＢ級刑務所では高校を卒業しているというだけで高学歴扱いされ、まして大卒となれば偏差値がどんなに低くても「すっげえぇぇ！」となり、良心のある大卒者ならば逆に恥ずかしそうにする所です。

ＬＢ級刑務所というのは、懲役10年以上の再犯者、暴力団員及び関係者、犯罪傾向の進んだ者、要は殺人など悪質な犯罪による受刑者が服役する刑務所のことで、刑務所の中でもある意味で頂点になります。

大半は常習犯罪者で、更生などあり得ない者の掃《は》き溜《だ》めとも言われている所です。大体は中卒で、その中学校でさえ、少年院送致により、まともに卒業していない者がいます。

話を戻しますが、学歴主義が終わりかけているにもかかわらず、就活における学校歴主義は歴然と残っています。

その理由は簡単です。初めて就職する者にとって仕事は未知のものであり、これから取り組むことになります。各人が仕事を覚え、企業の方針や目的通りに働くかどうか、成果を上げられるかどうか、企業としては重大なことながら未知数です。

一人の人間を雇って一人前にするには、多大なコスト、いわば、費用・労力・時間が注ぎ込まれます。それで期待通りの成果を出してくれればいいですが、その保証はありません。

面接である程度の人柄を予想することはできても、仕事については採用して実際に働かせてみないとわからないのです。いわば、くじ引きみたいなもので、採用した人員の中にどれくらいの当たりくじ、ないしは外れくじが入っているかは運次第とも言えるでしょう。

期待した通りには働かないどころか周囲の足を引っ張る、少しの困難に遭遇するとすぐに辞めてしまう、では企業も困りますし、コストもばかになりません。

その時に採用の第一段階の可否の判断材料となるのは大企業であれば学校歴、どこの大学の卒業生か、そして成績です。

三流四流大学ではなく、日本最高あるいはそれに準じるレベルの大学の卒業生であれば、物事に対する理解や取り組み方、勤勉性など、低いレベルの他大学よりは外れが少ないであろう（コストパフォーマンスがよいということ）、うまくいけば大当たりもあるであろうという計算が働きます。

難関大学に合格できたのだから問題処理能力も平均よりは高いであろうし、最低限の与えた課題もこなしていくであろうという期待と計算の結果、今に至っても学校歴主義が主流になっているのです。

その他でも近年は卒業生の就職に強い大学の人気が高くなっています。そのような大学は企業人として通用するノウハウ、スキルを教えていますが、それを理解して身につけるだけの素養がなければなりません。

その素養というのが、勉強の習慣と方法を身につけていることであり、その要素として前述した計画性、勤勉性、持久力などが含まれるわけです。それればかりではなく、脳の発達期に勉強したおかげで、思考力、記憶力のキャパシティや能力が向上しています。コンピュータで言うならば、高速演算処理、大容量、検索速度の速いものとなります。

ここで誤解して欲しくないのは、**勉強は高レベルの大学に入るためのものではなく、成果の一つとしてそのような面もあるということ、高レベルの大学に入った者が必ずしも世の中の森羅万象に万能ということではありません。**

また私は高レベルの大学、あるいは国家試験攻略のために、合格できるだけの点を取ればいいという思考を肯定できず、自分ができる最善を尽くすことが大事であると考えています。

私は社会の常識とは大きく乖離《かいり》した父親に育てられました。この父親の異常さ、エキセントリックな面は、拙著『マッド・ドッグ』(河出書房新社)に綴っていますが、全てにおいて1番でなければ意味がない、2番も100番も同じ、1番でなければ努力など関係ない、一切評価しないという人でした。

この父親は私が小学生の頃から、「学校で勉強するんだから家では勉強するな」「テストは習ったところから出るのだから満点があたりまえ」「勉強もスポーツもケンカも1番でなければならない」「やれないことは言うな、言ったらやれ」「他人の5倍10倍やれ」「嘘は言うな」などと厳命していたのです。

人にはそれぞれ自己の内にある潜在能力や可能性があるだけに、常に己に誠実に全力で取り組む、最善を尽くすことしか考えられません。また、常に全力でやることが重要だと言うのには理由があります。

なぜ常に全力でやるのか

人間の能力というのは知能や精神力や体力を含め、筋トレ同様、負荷をかけてやらねば向上しません。知的能力もしかりです。

たとえば、あなたが筋トレをしたとしましょう。持ち上げられる最大重量が100キロとしたならば、30キロや40キロでトレーニングしていては筋力が低下するしかありません。

ウォーミングアップにはなっても、能力を向上させるには最大の負荷をかけてトレーニングするしかないのです。

知能も同じで、負荷を与えることが向上への道となります。「ノー・ペイン、ノー・ゲイン（苦労なくして得るものなし）」です。このことを日頃から心がけ、何年何十年と積み重ねた人と、そうでない人の差を考えてみて下さい。

向上した人には、その人にしか見えない世界を見られるという楽しみ、努力への報酬があります。人生は一回きりです。ゆえに自身の内にある能力、可能性を最大限に発揮できるように行動して下さい。

自身の内にあるものを引き出そうとしないのは自己への背信、裏切り、侮辱です。

自分がやることについては、常に全力でやる、最善を尽くすことを続ければ、5年後10年後、20年後のあなたは、今の自分が考えている水準をはるかに超えた能力、精神力を持った人間になっています。どうか、自分のそんな姿を思い描いて下さい。

他にもある勉強することの利点

勉強することには、自分の能力を引き出し高めることと併せ、もう一つ大きな利点があります。それはあなたが「いやだなあ」「苦手だなあ」「やりたくないなあ」という負の心を克服するトレーニングになることです。

私の知る限り、「勉強が好き」という人より「嫌い、やりたくない」という人の方が圧倒的に多く、これをどのように乗り越えるか、克服するかは、その人にとって生涯役立つ経験となります。

嫌いなこと、苦手なことをやらねばならない時の態度、思考としては、そのまま堪え忍んで取り組む、あるいは嫌いから普通、または好きに転換するように努力してみる、の二つがありますが、まずは堪え忍んで取り組むことを訓練、修行として欲しいのです。

世の中はいくつになっても好きなこと、楽しいことばかりではありません。その時に、いやだからと言って逃げてばかりならば、人間として深みがなく、精神が未成熟な子どものまま年を取ることになってしまいます。**人が成長し、成熟するためには自分にとって嫌いなこと、苦手なことをするのが効果的**です。

仮に勉強がいやで苦手だとしたら、感情的にいやだの一辺倒ではなく、なぜいやなのか、どこが苦手なのかを、あたかも第三者のようにメタ認知をして分析してみます。もし、それがわかれば対策を講じ、わからなければ耐えるトレーニングと思ってやるだけです。

その時、もう一人の自分がその様子を眺めて楽しむイメージを持って下さい。次に毎日、少しずつ取り組む時間を延ばします。**好きにならない、苦手なままならそれでもいい**のです。

そうして耐える力、粘る力を少しずつ養っていきます。結果をすぐに求めてはいけません。社会人になって、今、やらねばならない、でも気が進まないということがある人は、まず取り組むこと、そして、それをもう一人の自分が天から眺めているイメージで続けることです。続けるコツの一つは、毎日の進捗具合や感じたことやささやかな成果をメモして、目で見て歩みがわかるようにすることです。

この繰り返しの過程で、より自分に適したやり方はないか、時間や労力などを有効に使っているか検証しながら進みます。改善のための変化を避けてはいけません。この試みを生涯、続けるのです。

それがあなたの人生をよりよいものとし、人間的にも成長させる大きな動因になります。

ここまでは、人が初めに学ぶということについて取り組んだであろう勉強の意味と効用です。学生時代に適切な勉強をした人の多くには、「考える」ことの基礎である、論理的及び抽象的思考力、計算力、計画性、知的持久力及び忍耐力などが培われているはずです。これらは生涯を通じて利用し、成長できる武器となります。

学ぶことの効果とは何か

勉強も学ぶことも学生時代でたくさんだ、と思う人も少なくないでしょうが、あなたの本当の学びは社会に出てからがトレーニング兼本番です。学生時代に勉強しなかったという人も、社会人になってから明確な目的や意識を持つことで結果につなげられます。

学びの第一は、知識を自身の内に蓄積することです。蓄積する際に心がけて欲しいのは、なるべく偏らないで広い範囲の知識を取り込むようにすることです。

あなたの好きなこと、関心のあることが優先する点があったとしても、それに加えて広く、さまざまな分野の知識を得るようにして下さい。知識の偏向は正しい判断や推論を妨げるもとになります。

取り込む、インプットする際に大事なことは、「えーと、なんとかがあれだったよな」など、いい加減な取り込みや記憶をするのではなく、正確にインプットし、記憶することです。

いい加減にインプットされた知識は知識ではありません。ただの居酒屋談義、世間話のレベルに終わってしまいます。正確には覚えてこそ知識であり、情報になり、考える時の材料になり得るのです。日頃から正確に覚える習慣をつけて下さい。

私は小学生時代に習った5W1Hを意識しています。これは、いつ・どこで・誰が・何を・なぜ・どのようにしたか（何をしたか）、ということです。

何かを読む、学ぶ、覚える際には脊髄反射のようにこれを意識するようになっています。

学んだ成果を確かめるにはアウトプットが必要です。話す相手がいなくても書いてみる、心の中で誰かに教えるように話してみるなど、あなたの事情に合わせて実行して下さい。

私は工場での作業をせずに24時間一人で作業や生活をしているので、覚える時も含めて常に胸の内に知人を思い浮かべ、その人に合った話し方、組み立て方でアウトプットの真似事をしています。それと同様に書いてみる、文章にしてみることも有益です。また、私は質問魔なので、インプットの際には多くの問いを発し、自分で答えながら脳に定着させてきました。

インプットについては生来、「どうしてだろう」「なんだろう」という知的好奇心が異常に強かったので、あれもこれも全部知りたい、ゆえに膨大な量の本を読んできました。

ところが、知れば知るほど、その何倍もの疑問が湧き出てくるので、その度に「自分の知識なんぞ、本当にちっぽけなものだ」という小さな失望と、生きている間は一つでも多く知ってやろうという意欲が湧いてきます。

知りたい分野も広範囲なので、何か知る時に「あっ、△△と関連しているのか」とか「この時代は社会の思潮が××だったから、こんな音楽も生まれたのだな」など、それまで関係のなかった分野の知識や情報がつながることが多いです。

ニュートンはこれを古人の言葉を引いて「巨人の肩に乗る」、そうして世界を見渡すと表現しましたが、その意味がよくわかりますし、その瞬間は決して小さくない喜びを感じます。

このようなこともあるので、あなたも選り好みせずに、まずは広く多様な知識を取り込むように心がけて下さい。こうして自身の内に蓄積したものは自然に発酵し、新たな知識の投入によって深みが加わること、効用が大きくなる機会が増すことが多いのです。

イノベーションのもとになる新しいアイデアは、既に知っている知識や情報の組み合わせが多いことを知っておいて下さい。そのことをExploration《知の探索》とも言いますが、仕事の上でも大いに役立つことなのです。

また、記憶力を強化するには、大量のものを限られた時間内で覚える、常に記憶する習慣を身につける、ということが基本であり、鉄則になります。

近年、単に記憶型中心の学習は、思考力に結び付かない、自らの頭で考える力が養われないなど、批判の対象にされることが少なくありませんが、記憶力が優れているから思考力が劣るということはなく、要はその人の勉強への姿勢によって自らの頭で思考する能力に差が出るだけです。

その点を日頃から意識していれば、記憶力がいいに越したことはなく、思考に使う材料も多いということになります。

学ぶ上で欠いてはならない点は、どんなことでもインプットした後には自らの言葉や頭で考え、再構築してみるということです。

有名なLearning《ラーニング》 Pyramid《ピラミッド》では、長期記憶として定着する割合について「他人に教える90％」、「自ら体験する75％」「グループ討議50％」「読書10％」としていますが、アウトプットも忘れずに実行しましょう。

そのためには絶えず、本当だろうか、他はどうなのだろうか、違う説はどうなのかという懐疑的《スケプティカル》な態度を持って下さい。そしてその真偽について調べる、確かめるという行為が大切です。

その点では現在のように既存のメディアの他にインターネットの玉石混淆の情報があふれている社会はフェイクニュースやフェイク情報の海とも言えるでしょう。である以上、正確さを検証する姿勢、態度は不可欠です。

人は往々にして自分の価値観や嗜好、志向に沿ったことを、たとえ誤りだろうと思っていても、あるいはその可能性が高くても選好する傾向を持っています。

しかし、物事を正しく判断するためには、そのようなことを避け、正しい事実を得るようにし、それを土台に考えなければなりません。そのために、あなたは学ぶことの過程において「公正さ」「妥当さ」を身につけるようにして下さい。

公正さ、妥当さを追究することは、時には自らの知識や嗜好、志向と異なり、不快感を伴う認知的不協和（こんなはずではない）を感じることにもなりますが、正しい判断、真実の把握をしていくためには必要な態度です。

そうした姿勢が別の視点から考える、見るという複眼性を養うことにつながります。この**多様性や複眼性というのは学ぶことにおいてのみならず、生きていく上で重要な要素**なので強く意識して下さい。

これが、まずは広範な知識を獲得する、学ぶという土台となるのです。この多様性、複眼性があなたの思考に柔軟性と深みをもたらしてくれます。

そうして幅の広い知識が、あなたの中で系統化、体系化し、関連性を生むことが思考力や判断力を向上させる要因となるのです。

忘れないで下さい。**知識は幅広く、柔軟に、公正・妥当な視点を持って、自らの主観に固執しないということ、これが学ぶ上での要諦《ようてい》**になります。そうして、このように学んでいく成果として、あなたの知識を教養に変え、ともすれば無意識下にも固定化を志向する「脱成長」「見えない自己の縮小化」を防止することにつながるのです。

知識と教養の関係

社会では少なからぬ人が、知識がある人＝教養のある人、と定義をしてしまっていますが違います。

教養とは単に知識があるということではなく、情動や意識の働きも伴う人格にかかわることであると共に分別を持っているということであり、複眼的思考ができ、生きる上、処世の上での賢さ、人としての真の賢さを総合的に身につけていることです。

その点で私には教養が欠けていました。大量の書を読み、絶えず新しい知識もインプットし、自らの頭で考えることも怠らなかった自分がなぜ、確信犯として計画し、愚行、醜行を犯してしまったのかといえば、独善性が強固であり、自らの思想・信条がどんなことよりも優先する、そのために自ら破滅してもいいと考えていたからです。知識や情報の多様性は認め、広い範囲から偏見なく集めていたものの、己の思想・信条については懐疑的になる以前に、自分はこの信条で生きるのだ、自己の獲得など無視して貫いてやるという堅固な思考・精神が、物事の分別をわきまえず、冷静な態度で凶行に及んだ動因でした。この時、人間の生命は一回性のもので尊いという思いよりも、自らの思想・信条・言葉が何よりも重要と信じてしまったのです。

　併せて、それまでの人生で常に自分がリーダーであり、主導的立場であり、自分の主張や方針がいつも正しかったという経験から、自分に誤りなどあるはずがないという無謬《むびゅう》性に陥っていました。

　当時の私の頭の中には、世の中の全ての人は「１＋１＝２である」と考えるのが当然という概念があったので、事件の動機となった価値判断にも、唯一の解しかないと確信していたのです。

　しかし、この時に誤ったことは、世の中には「１＋１＝３」の人も「５」の人もいる、また、白と言っても黄色に近い人、灰色に近い人などさまざまな白があり、必ずしも私と同じではないという多面的、複眼的思考で判断できなかったことでした。

この硬直性は当時の私自身の人としての未熟さや偏狭さを表しています。学ぶことや知識の面だけではなく、自分の処世上の信条や価値観についても、多様性や柔軟性があれば、と悔やんでみても奪った命は戻りません。

その愚かさや罪深さもあり、仮釈放など望んではいけないという結論になりましたが、あなたは知識と教養の違いについて考え、教養人を目指して下さい。

ただし、私は自らの来し方につき、全面否定するわけではありません。私生活と仕事を問わず、善なる部分、結果を残した部分については正当に評価しています。

決して自己卑下せず、自虐的という嘘の姿を装うこともせず、是は是、非は非と率直かつ公正に己と付き合っていますし、他者にもそのように自分を語っています。

世の中には己の力量以上に高く評価する「過大評価」「自己過信」の人が多いとも言われる反面、己の考えの他に能力や才能などをあえて包み隠す「自己韜晦《とうかい》」の人もいるようですが、韜晦というのは利口さの表れである反面で狡《ずる》さにもつながり、正々堂々の誠実さとは別のものです。

若いあなたには正直に、誠実に10のものは10という真っ直ぐな生き方をして欲しいと願っています。その同じ例で過度な謙遜も誠実さとは別のもので、心の内で自分はまだまだだと本当に感じない限りは、慎むべきです。

そういう誠実な姿勢で学んでいって下さい。自らの小才を利用して、うまく立ち回ってやろう、得してやろうという小賢《こざか》しい振る舞い・生き方は物事を公正に学んでいく教養ある人のものではありません。

教養と二項対立

他にも、私の失敗からあなたに伝えたいことの一つに、二項対立、白か黒しかないという硬直した思考・判断に陥らないようにする、ということがあります。

世の中には、白か黒かでは決められない、評価できないことが少なくありません。それに対して人々は自分の価値観や志向を基準として客観的に正しく見よう、深く考

えようともせずに判断してしまう傾向を持っています。

これは教養のある人のすることではなく、個々の事象の性質や、事実関係を正しく知った上で判断しなくてはならないのです。仮に自分の価値観や志向に反することが事実だとすれば、公正で誠実な精神でそれを認めなければなりません。

自分が嫌う人のすること、思考であっても、よければよいと、その評価は公正、正当に下すことです。この点において、私は学生時代から守ってきたという自負があります。

ただし、逆に自分が好む人、親しい人についても、評価に私情が入らず、非は非と明確に評価してしまうところがありましたし、それを誤りとは考えていません。

私が重視するのは何よりも公正さ、正直さであり、好き嫌いによって本来の評価が変わってしまうことは恥ずべきことです。

一般的に若い時は、その知識の量も経験の量も少なく、その少ない知見で物事を白か黒かと決める傾向がありますが、そうでなく、よくよく見て調べて、公正な心でもって評価、判断するように心がけて下さい。

表層だけの浅い知識や情報に流されることなく、それについて確認する、調べるという姿勢や態度を持って下さい。正しく奥行きのある知識を持つ、あるいは教養があるということは、メディアやインターネットなどのフェイクニュースにも流されずに、その本質を見る、その上で考え、評価し、判断できるということです。

個々の物事につき、これは二項対立で十分、これはもっと複雑でグレーの領域もあると見極めることも教養の一つであり、その材料として知識を得ておく、学ぶということがあります。

謙虚に先入観なしに虚心に学ぶということは、自分の思考や判断を硬直化させないことにもつながります。硬直化は固定化とも言えますが、それは物事によっては変化や例外があることを認めず、いつまでも意地や見栄で自論にこだわり、それだけが正論だと考えることです。このような人は少なくありません。

結果としてその人自身の成長を妨げると共に、人生を小さなもの、浅いものにしてしまいます。**人間には自分が考える以上の潜在能力や可能性があるのです。**それを自ら阻《はば》むことなく、学ぶことに努めて下さい。

生活の中での学びとは

あなたの学びは、教科書や専門書などを含む書物や授業、セミナーなどからだけではありません。厳密に言えば**生きる過程で見聞きするもの、他者との接触、仕事などの全てから学べる**のです。

そのためには余計な先入観や固定観念に囚われず、頭と心を柔軟かつ開放的にしておきます。また、自分が抱いた感情を別にして、見聞きしたことを公正に客観的に捉えるようにして下さい。

なぜ、そのようになるのか、なぜ、自分はそう感じたのか、それが正しいことなのかなど、もう一人の自分が眺めて感情を交えずに考える訓練をすることが、自分を成長させ、世界を広げることになります。

単に何かを知った、なるほどこうなるのか、では知っただけであり、学びはありません。言い換えると、あなたの見聞きしたこと、経験を無駄にすることなく、そこから何かを学び、蓄積していくことが、自身の深さ、成長、世界の広がりになるのです。

人生は一回性のものですから尚のこと、自らを成長させて自分にしかなり得ないなにものかになるべく学んで下さい。そのようなものになり得たとあなたが自らを評価できた時、「ああ、生きていてよかったなあっ‼」と心の奥底から叫べるでしょうし、充実した人生と呼べるはずです。是非、そのような人生になるように励んで下さい！

あなたの学びの深さが人生を劇的に変えることは決して夢物語ではありません。学ぶことでさまざまなことを発見し、異なる世界に触れることが楽しさと共に生きる意欲や生き甲斐につながることも多々あります。「計画された偶発性理論」を唱えたアメリカの社会学者クランボルツの調査では、18歳の時に望んだ職業に就いた人は2％しかなく、残りは偶然や予期せぬ出会い、縁によって決まったという報告がありますが、人間同士の出会いと同様に学ぶ世界を広げることは、あなたの選択肢を広げることにつながるのです。

日々の学びとは大袈裟《おおげさ》なものでも面倒なものでもありません。ただ「なぜだろう？」「どうなっているんだろう？」という子どものような素朴な疑問や好奇心を持てば、自《おの》ずと学びにつながる機会が増えるのです。

自分の感性を瑞瑞《みずみず》しい状態に保っておくためにも、知的好奇心は持ち続けていたいものです。簡単なことです。どうか、今から心がけて精神や感性が干凅《ひから》びることのないようにして下さい。

日々の学びを疎かにしない

普段の暮らし、仕事において学ぼうと意識すれば、その機会はいくらでもあります。仕事の中でどれだけ学べるかは、あなたの意識と姿勢次第なのです。この点について詳しくは第二章で説明しましょう。

日々の暮らしということでは、現代人は情報の海の中で生活していると言っても過言ではありません。

テレビ・ラジオ・新聞・書籍・雑誌など既存のオールドメディアに合わせてイン

ターネットを介した新しい情報源も加わり、よほどの知性がなければ、その真偽はわからない状況となっています。

そうした中で意見を同じにする人々がインターネット上で同志となり、異なる意見の人を批判し排除するサイバー・カスケードという無教養な行為も見られるようになりました。

他者と意見や主張が異なる時、それを是非、批判し否定するのではなく、「なぜだろう?」「その証拠は何に由来しているのだろう?」と考える学びの機会にして下さい。直接、訊くことができるのであれば、その意見や主張についての評価は後回しとし、「なぜ、そのようになったのか」を冷静かつ淡々と尋ねるのです。

そうして、それが妥当かどうか、自分の持っている知識で判断し、評価できるのか、もしそうでなければ調べてみるということを習慣化するようにします。ここで注意して欲しいのは、それまでに抱いてきた自分の意見や価値観だけが正しいのだと頑《かたく》なに異論を排除するような行為に甘んじないことです。

私たち社会人にとって大事なことは、自分が正しいのだ! と主張することではなく、常に正しいこと、事実と真理を求めようとする姿勢にあります。このことを自分の意地や見栄や些末なプライドより優先させて下さい。

仮に自分が誤っているとわかれば、訂正することも恥ではありません。自らの誤りを認めず、知らない振りをすることが恥なのです。誰が知らなくても天と自分は知っています。教養人の一人として、誠実に正直に生きて下さい。

他者を欺瞞《ぎまん》する、偽る情報が多いという点と、時間を浪費するという点で、Twitter や Facebook などのSNSにかかわる時間を制限することも重要です。誰にとっても本来、時間は命です。その貴重な命を空費させることは自己を空費させることと同じです。

学ぶということは、自分の内輪、スケールを広げるということでもあります。知力や能力をはじめ、あなたの人間性という総合的な自己を進化させ、己の内の潜在能力を高めることにもなるのです。

この潜在能力は、機会があれば顕在化します。併せて、あなたの知識が増えることで交わる相手の質も変わってくるでしょう。そうした縁《えにし》、出会いを有意義なものにするためにも、学ぼうとする姿勢や教養人であることは重要です。

学んだことを自身の内に蓄積していく、物事の正否について調べ、熟考する営みの反復は、必ずやあなたを芯のある人間とし、浅はかな意見や主張に付和雷同してしまう愚劣さから救ってくれるでしょう。そうなるためにも「深く考える」という知的忍耐力、持久力を意識して下さい。

知るということでは、学問や学術的なこと以外に、社会のさまざまな仕組みや制度について知っておくことも有益です。国が提供する福利厚生の中には、職業上のスキルや能力を身につけよう、学ぼうとする人に対する補助金や支援などもあり、意欲があればいくらでも実行できます。

学ぶ上でも「継続は力なり」ですが、「三日坊主」になっても、中1日の休みを挟んで92回も繰り返せば1年です。要は、「またやろう」と戻って復元すればいいだけの話です。

決して**たった1回休んだだけで、だめだなどと放棄しない**で下さい。毎日の生活の中で「やらなきゃ」と義務感を抱くより、習慣にしてしまうことです。習慣にするためには、明確な目的、目標を持つようにします。

自分は意志が弱いからと嘆く人も少なくありませんが、初めから意志堅固な人は稀《まれ》ですから悲観は無用です。誰の人生でもなく自分の人生である以上、学び続けた先にいる自分の姿を夢見て、少しずつでも取り組んで下さい。

知識や思考の限界を知る

あなたが生きていく社会では、どんなに知識があろうと、教養人であろうと、答えの出せない問題や課題もあります。また、答えが一つではないこともあると知っておいて下さい。

学校で習ったことには答えがある、答えは一つだけ、というのが標準でしたが、社会や働く場などでは、そうではないことが山ほどあるのです。そのような時には想定できる限りの結果と、それに対して自分はどのように対処すべきかといういくつかのパターンを用意しておくのも一つの策ですし、想定外ということも少なくないので、自分の中の指標や原則、信条を軸に対処すると考えておきます。

対処は、その時の状況のみに対応するものと、目先のことは度外視して先を考えて対応するものに分かれますが、自分が何を大事にするのかを検討して下さい。日頃から思考や決断の選択肢の材料を蓄積しておくことが大切です。

あなたがたくさんのことを学んでいくことで自分なりの原理や軸ができてきますが、同時にそれに対して本当に正しいのか、状況次第ではより適したものがあるのではないか、と疑う柔軟性と複眼思考を忘れないようにして下さい。

前述したように教養の意味には、短絡的に判断したり、一面的な見方をしたりすることを避け、他の視点や考え方もあるのだ、という態度がとれるということも含まれているのです。

多くのことを学んでいく過程で、人間が持つ原初的な宿命としての能力の差のほか、出自など自分ではどうすることもできない境遇の差などに気付くでしょうが、**世の中は決して平等でも公平でもありません**。このことに対処する言説として、結果の平等は誤りであり、機会の平等こそ正しいという言葉も多用されているものの、世の中では厳密に言えば、その機会の平等すら完全に確立されていることはなく、「不平等があたりまえ」なのだと心得ておいて下さい。ただし、その不平等を自分が努力しない言い訳にしてはいけません。

この世は不公平が自然なのだ、その条件下で自分は最善を尽くすのだという姿勢や行動の繰り返し、積み重ねがあなたを強く大きく成長させるのです。どうか、このような、頭の中の観念だけではない、現実社会からの学びも重視して下さい。

他に是非、心がけて欲しいことは、自分の師匠にあたる人を持つことです。あなたの周りにいる人を見回し、完璧ではなくても、この人の話は素直に聞ける、学ぶ姿勢が見える、尊敬できるという人であれば、その人柄をよくよく見た上で、心の内で勝手に師匠にしてしまいます。

注意することは聖人君子を求めない、人は非の部分もあって当然と考えることで、正しい倫理観があるか、学び続けているかなどの点をじっくりと見て、手本にすべきところを吸収して下さい。

私が学び続ける本当の理由

第一章

なんで学ぶのか

獄中生活が軽く四半世紀以上を過ぎた私ですが、知的好奇心は一向に衰えないどころか数々の厳しい制限のある中、以前にも増して知りたい、学びたい、もっと本を読みたいという欲求が強くなっています。

私の日課は、平日は作業、その後の夕食が午後5時から、それが終わって「余暇時間」と称する自由時間となります。作業のある日は起床から夕食が終わるまで読書や筆記などが一切できません。規則で禁止されているのです。

夕食後、歯を磨きながら新聞を読むうちに、3週に1度放送される洋楽番組と、これだけは必ず聴いている午後5時30分からのニュースが始まります。そして、就寝準備の午後8時55分（就寝は毎日午後9時）までをどのように使うかが、「毎日の闘い」です。作業のない休日のことを「免業日《めんぎょうび》」と称しますが、この日は午前8時に起床し、朝食終了が午前8時30分頃です。私たちは時計の所持が許可されていないので、ラジオ放送が始まらない間の時間は正確にはわかりません。

その午前8時30分頃から就寝準備の午後8時55分までが余暇時間になります。途中、昼食と夕食で約30分間、新聞を読むのに約20分間、許可されている運動時間は午前と午後の15分間ずつの計30分間、あとは用便を除いた時間が余暇になります。

以前の「食事が終わったら読書を許可する」から近年は不許可となり、食事の時間は食べ終わっても席を立つことすらできません。前の私であれば忙しい時は食事を抜いて読書や原稿書きをしていましたが、今はそれもできず忙しい日は運動時間を削りつつすごしています。

この時間の枠内で、本以外に社会から送ってもらっているさまざまな新聞や資料を読み、免業日には読書、原稿書きに加えて手紙も書くという生活です。

就寝後に本を読むことは禁止されているものの、夏季は平日40分間、免業日2時間、冬季は免業日のみ1時間、床の中での起床前の読書が認められています。なお、この読書は各施設によって異なり、就寝から起床までいつでも許可、あるいは午前3時から許可などの「豪勢!!」な施設もありますし、全く認めていない施設もあるのです。

私の読書は子どもの頃から、読むだけではなく、知らない言葉や熟語、漢字などを調べる、内容を抄訳する、特によいと感じたことを抜粋する、感想や疑問をメモしておく、などの作業が付きます。

ただ読むだけなら速い方なので、施設でも月に250冊という時がありましたが、それでは私の求める読書、学びの醍醐味に欠けますので、よほどのことがない限り、ノートにメモを取っています。

その貴重なノートも部屋で持てる荷物の総量に厳しい制限があるので、これまでに数十冊を廃棄処分しなければなりませんでした。社会に送って保管してもらうということは許可されないからです。

自分の学びの結晶を捨てることは心中穏やかではいられないものの、立場を鑑みれば致し方ありません。読んだ本も残さないように次々と社会に送らねば、社会から差し入れてもらう本も不許可となって手にすることができないのです。

もともと、よほどでない限り読んだ本を手元に残しておくことはなく、周りの人にあげていたので抵抗はないものの、読んでメモする、その他に書評のレビューを書く、出版のための原稿を書くという生活なので、時間との闘いは熾烈《しれつ》なものになります。

大袈裟ではなく寸秒も無駄にしない、できない生活ですが、私の知的好奇心が衰えることはありません。あなたにさんざん学ぶことの効用や意味を述べてきましたが、

私自身はこの「なぜだろう?」「どうなっているのだろう?」「本当のところはどう

なのか?」「知りたい」という知的好奇心が原始的《プリミティブ》な理由なのです。そして、知らなかったことを知る喜び、さらに深く探究する時の「わくわく感」や「そうか!」とわかる楽しさが生き甲斐、生きる糧になっているのです。

たとえ塀の中にいようと、勉強している時は他のことは忘れていて、社会にいた時と同じ気持ちです。人間というのは、その環境適応力の高さゆえに進化し、生き残ってきたのだとよくわかりました。

私は服役する時に、いくつか志・目標を立てましたが、毎日、新たな知識を身につけることもその一つでした。今日より明日、明日より明後日、自身の知識や能力や人間性が進歩向上するように生活することを心がけています。

たとえ明日で人生が終わろうと、今日、必ず何かを学ぼう、知ろうという思いです。そうして、自分が一人二役で講師と生徒役を演じたり、文章として書いたりすることでアウトプットをしています。

幕末の若き才人、橋本左内《さない》は15歳の時に将来を見据えた志を立て、その思いを『啓発録』として綴りました。それには諸々の処世上の注意が認《したた》められていて、その精神の成熟ぶりには瞠目《どうもく》させられます。

私がいるのは長期刑受刑者の刑務所なので、短期刑務所とは異なり、何かを勉強しようという者も、ごく少数ながらいるのです。そういう者が頑張り続けて新しい学問やスキルを身につけて「自分にもできたんだ」「なんでもっと若い時にやろうとしなかったんだろう」「これからは別のことにも挑戦したい」などと喜んでいる姿を見たこともあり、勉強する、学ぶということの尊さをひしひしと感じます。

こうした経験は人を変え、成長に結び付くのです。環境がどうであれ、その環境や運命に流されず、学ぶことを怠らないで下さい。

「明日死ぬと思って生きなさい。永遠に生きると思って学びなさい」というインド独立運動のリーダー、ガンジーの言葉にもあるように、生ある限り学び続けるのです。そうして、その学んだことを善用すると同時に人間としての幅も広げて真の教養人となり、有意義で充実した人生にしてくれることを心から願っています！

あなたの人生をよりよいものにするのはあなた自身であり、あなたが吸収し、学んでいくものによるのです。せっかくこの世に生を享けた以上、自身の内にある資源を存分に使い、あなたが納得できる道を切り拓いていくためにも学ぶことを大切にして下さい！

「学ぶ」を知る座右の言葉

学ぶとは単に勉強ができるということではなく、
人格を磨き、分別を持ち、複眼的思考で
世の中を見られるようになること。

◎各章の最後で、私が8000冊以上読んできた書の中から、是非あなたに読んでみて欲しいものをテーマに沿って5冊ずつ紹介します。

「学ぶ」の本棚

『新版 一生モノの勉強法』鎌《かま》田《た》浩《ひろ》毅《き》（ちくま文庫）

著者は京都大学大学院の教授で火山学、地球科学を専攻していますが、「学ぶ」という方面での著書が多数あります。本書は、場当たり的でなく戦略的な勉強方法、そのコツ、勉強時間を作り出すテクニック、知的生産の環境と情報の整え方、いろいろなツールの使い方、本の選び方、読書術、知的生産のシステム作りなど、実用的な方法が綴られた一冊です。

『調べる技術 書く技術』佐藤 優《まさる》（SB新書）

その勤勉さで多くの書を著してきた著者による、資料の収集法と調べ方、それらを土台とした書き方のコツ、考え方の指南書です。著者自身の豊富な実体験からきているだけに、使えます！

『独学大全』読書猿（ダイヤモンド社）

「独学」について、55の方法を紹介しています。独学といっても、各人の性格や能力によって適・不適があるので、自分に合うであろう方法を見つけるためにはたいへん参考になる書です。

『ロジカル・シンキング』照屋華子、岡田恵子（東洋経済新報社）

物事をロジカル＝論理的に考えるとはどういうことなのかが、具体例を示した的確な説明によって理解できます。考える、判断するにはロジカルな思考が必要です。

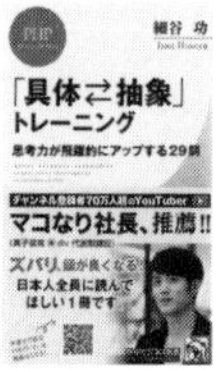

『「具体⇅抽象」トレーニング』細谷《ほそや》 功《いさお》（ＰＨＰビジネス新書）

日常で度々交わされる具体的・抽象的とはどのようなことなのか、どんな考え方なのかを、実例を示しながら平易に説明している良書です。論理的思考を学び、他者と話す上で大いに役立ってくれるでしょう！

第二章

なんのために働くのか

私の働くということ

働くということについて、あなたはどのような意識を持っているでしょうか。

『職業は生活の背骨だ』

『労働は生命なり、思想なり、光明なり』

前者は哲学者ニーチェ、後者は詩人ユゴーの言葉です。仕事についての格言は夥《おびただ》しいほどありますが、この二つが働くということの本質をよく表しています。

これらは労働、仕事が給料を稼ぐためではない、人間の生を支えるより高次なものであることを語っているのです。その高次なものについておいおい述べていきますが、初めに私の仕事人生についてお話ししましょう。

「はじめに」で述べたように、私は二つの営業職を経て21歳の時に中小企業相手の金融会社を設立しました。社会に出たのは18歳の時ですから約3年弱、営業マン生活をしたことになります。

営業職を選んだのには確たる理由がありました。それは世の中にどんな職業があるのかを知りたかったこと、実際にそれぞれの仕事に就いている人たちから生の声、その仕事を選んだ理由、働いてみての感想、長所と短所などの他に、社会で働くことをどう感じているか尋ねてみたいという目的があったのです。

子どもの頃から大量の本を読んでいましたが、本の中の理屈や世界をそのまま信じるようなことはなかったので、現場で働いている人にいろいろと質問をして確かめてみたい、社会とはどういうところか大体のイメージを把握しておきたい、そこで「自分にしかなり得ないなにものかになる」ために自分はどのように働くべきか、少しでも多くのヒント、コツを摑んでおきたいなどの思いがありました。

加えて冒頭で紹介したエキセントリックで野蛮な父から、ことある毎に「社会は厳しいんだぞ」「世の中は甘くないんだぞ」「おまえは世の中でやっていけるのかな」と言われていたこともあり、社会とは厳しいのだ、心身共にびしっと引き締めていかなければならないのだ、と気合いも入りまくりだったのです。

どんな時代に働くのか

近年はあなたもよく見聞きしているＡＩやロボットの普及、一部ではその勢いは衰退したともされますが、国境を越えたカネ・ヒト・モノの移動によるグローバル化・自由競争による弱肉強食を是とする新自由主義の波の影響と共に、日本は生産性の低さ、デジタル化の遅れ、労働市場の硬直化などで、従来の労働観、企業と社員の雇用関係、給与体系などが変わってきました。

まず、あなたの職業人生活及び人生に直結する雇用では、正規と非正規雇用の区分が明確になり、両者間の賃金のみならず福利厚生や社会保障に大きな格差が生まれています。

企業経営において、最も大きなコストの一つに人件費があります。これは固定費用といって、売り上げの多少にかかわらず毎月、同じ額が発生するものです。企業にとって先行き不透明、不況となれば削減される優先順位の筆頭とも言われているだけに、ただ企業に就職すれば「すごろく」で言うところの「あがり」と考えている人には死活問題にもなります。既に機械やＡＩを労働者の代わりに使おうという動きも進んでいます。

ＡＩについては近い将来も含め、労働者に置き換えられるという各研究機関の報告も多数出るようになりました。今次のＡＩはディープラーニング（深層学習）といって、初期データをインプットすると、ＡＩがより深いところまで自己学習をして、進歩する設定になっています。

研究報告の中にはアメリカのカーツワイル博士のように２０４５年にはＡＩの知能が人間を凌駕《りょうが》するシンギュラリティ（技術的特異点）を迎えるという説も出ました。この件については、そうならないであろうという報告も少なくありませんが、いずれにしても従来のホワイトカラーの業務だった事務系の仕事までＡＩに代替されること自体は否定できません。

それればかりではなく、戦後の廃墟状態だった日本をあたかも炎の中から生まれた不死鳥《フェニックス》のように蘇らせた原動力とも呼べる終身雇用・年功賃金・労働組合を核とした企業と労働者の紐帯《ちゅうたい》、絆も崩れてきました。１９９０年代に持て囃《はや》された能力主義は日本企業では不評のようで想定通りには普及しなかったものの、大企業や業界をリードする新興企業では、昇給も昇進も旧来の年功より能力や実績によって決まるようになっています。**各個人の能力やスキルがこれまで以上に問われる時代に移りつつあるのです。**

今や、大企業といえども未来永劫に存続するとは限らず、優勝劣敗の淘汰の波にさらされるようになりました。ゆえに労働、就職を含め、世界は予測不能のＶＵＣＡ《ブーカ》の時代になったとも言われるようになったのです。

ＶＵＣＡとは、変化の激しい＝Volatility、不確実性の＝Uncertainty、複雑な＝Complexity、曖昧な＝Ambiguity の頭文字からきています。これからは、従来のホワイトカラーを育てる日本の教育では通用しないともされ、各人が社会に出てから自らスキルアップを図るように学ばなければならなくなったのです。

この点、常に学ぶ姿勢を持つ人にとっては、正しい学び、正しい努力が公正に評価されるよき時代となった半面、そうでない人、惰眠を貪《むさぼ》り現状に安住する人には厳しい時代となりました。

私は未来ある若いあなたにとって、このような時代が到来したことは喜ばしいこととして見ています。ここで付言しておきますが、若いというのは戸籍上や見た目ではなく、精神や考えの在り方のことを指すものなので、自らが若いと信じて行動すればいいだけのことです。

ちなみに戸籍上は61歳の私も、精神や未来に対する考え方においては若いのだと疑っていません！　まだ夢も目標もありますし、新たな挑戦や変化を厭《いと》う気持ちはさらさらないのです。外見は「オッサン」でも中身は「美達青年」でいます。

20代、30代の若い人たちへの調査では、「終身雇用を支持する」人が約87・9％！年功賃金支持が約72・7％にもなるというデータがありました（2016年9月、労働政策研究・研修機構「第7回勤労生活に関する調査」結果）。

これに私は驚きましたが、自分の処し方次第では自らの内にほぼ無限とも言える可能性を秘めた若者の保守的、安定的志向はかくも根強くあるのです。

もともと、日本の年功賃金制度は、入社後の在籍年数が少ない（若い）時は低賃金で会社に奉公し、年数を重ねる毎に高くなるという、「在籍するほどお得な」制度、インセンティブとして設計されていました。そのため、社員が転職を考えない要因にもなっていたのです。

視座を海外に向ければ、昨今の業界をリードする企業では優秀な人材に対する初任給でさえ大きく上げています。アメリカや中国の企業においては初任給で年俸1000万円どころか3000万円、5000万円も稀ではありません。それだけ人材を「人財」、企業の宝、資源とみなしているわけです。

その趨勢を見て、日本でもごく一部の企業が初年俸を1000万円に設定しましたが、これからのハイスペックな人材は海外の企業に流れることも既に自明となりつつあります。産業の空洞化ならぬ「人財」の空洞化です。

日本式の業界や規模の異なる各企業の初任給に大きな差がない点が、高度なスキルを持つ「人財」から避けられる要素であり、その昔、日本の急激な経済成長を視察に来日した外国政府高官が「日本は世界一成功した社会主義国家だ」と語ったとされるエピソードが想起されます。

どのように働くのか

第二章

なんのために働くのか

現代社会では人々の労働はコモディティ《汎用品》化されてきています。つまり、容易に代替され、不要とされるということです。「モノ扱い」と定義して下さい。

そのような状況下では、他者やＡＩ、機械などに簡単に代替させられる低スキルの人材であることはリスクでもあります。リスクの最たるものはその会社を解雇されることではありません。他企業においても必要とされないことです。

そうして自分の存在意義《レゾンデートル》を否定されたと捉え、自己評価を下げ、連鎖的に何に対してもモチベーションが働かなくなり、灰色の人生観に嵌《は》まり、沈み続けることになる可能性も低くありません。

今のあなたとは無縁に感じられるホームレスの内、少なくない人が、解雇に次ぐ他社からの連続した不採用による意欲と生活費の喪失、その結果としてホームレスとなっています。

本来、就職できないことと、その人の人間性は別のものなのです。どこかの会社に入って終わりの「就社」が目標ではありません。日本では仕事の有無や能力が疑いもなくその人の人間評価に結び付いているのです。あなたにはそういう事態が見えていますか？

さらに企業のデジタル化に合わせてリモートワーク化が進み、個人の成果が明確に示されるようになりました。この結果として、仕事のできる人とできない人の差がはっきりするようになっていきます。このこと自体は日本企業にとって変革の大きなチャンスです。

そんな労働・雇用環境を舞台にしているあなたは、どのような自分を作ればよいのでしょうか？

第一に優先すべきは、現在の仕事においての能力、スキルを磨くことです。安易かつ安穏として働いていては、スキルアップや学びにもつながりません。繰り返しますが「時間は命」なのです。その命を粗雑に扱ってはいけません。

働くことについては、低スキルのコモディティ化された仕事においても、心構えや観察、工夫次第では、他者の代替とならないあなた独自のスキルが身につけられます。

単純にスキルの有無で言えば、転職回数の多い人ほど、平均してスキルアップしているという報告がありました。補足すると、それなりの意識を持った転職でなければスキルアップはありません。

ＡＩ化の波によるロボティック・プロセス・オートメーション（ＲＰＡ）によって、ホワイトカラーであっても代替させられる時代が来ています。こんな時には専門知識を持つスペシャリストを目指すことも選択肢として下さい。その場合、習得するハードルが高い方が有益ですが、高過ぎて挫折するより、自分が少し背伸びをしてクリアできる段階から始め、ステップアップすることを勧めます。

そのスキルでは、できるだけ競合者、同じスキルを持つ人が少ないものを選び、スペシャリストを目指すように考えて下さい。同じようなスキルや職種で競合者、競争者が多ければ、激しく競うレッド・オーシャン（血に染まった海）となり、せっかく身につけたスキルでもコモディティ化の道をたどるだけです。

学習、習得するのならば競合者、競争者がいない、または少ないブルー・オーシャンを狙います。もちろん、それが一時的なものではなく、将来にわたって使えるであろうもの、かつ普遍的ではなく極力、稀少性を有するものであることが望ましいです。自分のことを把握している度合いをセルフ・アウェアネスと言いますが、よく自分の中身、適性を分析して下さい。

将来にわたって役立つものを考える際に、前章で述べた「常に学ぶ」「広範囲に学ぶ」「自分の頭で考える」「調べてみる」などの意識と実践が、あなたを導く星座となり得るでしょう。

スキルにも種類があり、

自社だけでしか適用しないスキル

同業ならば通用するスキル

他業種でも通用するスキル

などに分かれますが、あなたの貴重な時間と費用を投資することを前提に、軽率に選択しないことです。**変化を恐れてはいけません。変化はチャンスでもあることを知って下さい。**『変えるにはリスクが伴う。変えなければ、もっと大きなリスクが伴う』というアメリカの宇宙飛行士ジョン・ヤングの言葉の通りです。

もし現在、**自分の強みというものがわかっていて、それが有益なものであれば、その強みを徹底して伸ばします。**「自分の強み」とは何か、絶えず考えて下さい。欠点や弱点を補強、修正するのもいいでしょうが、どちらかを選べとなれば、迷うことではありません。あなたはあなたの強みを武器にして、己の道を切り拓くのです。

仕事でミスすることも恐れてはいけません。成長と鍛錬の好機であり、観念ではない実際のミスは、あなたの心構えと対処によって最上の師とできるのです！

働くとはどういうことか

私は社会にいた時、働くということは自分が目指すもの、求める域に到達するのだという、いわば心理学者のマズローが唱導する自己実現が、働くことという認識だったのです。

しかし、服役後に己の来し方、思考、価値観などを精細に省察してみると、それは全くの誤りではなかったとしても、違うのではないかと感じました。そこで真の働くとはどういうことなのか、虚心に考えてみたのです。

そうして行き着いた答えは、人格の陶冶《とうや》（錬成のこと）、自身とその魂を磨く、人として成長し成熟する、人としての善性を持ち、社会や他者にも奉仕できるようになるために日々の仕事を本番兼訓練にすることでした。もちろん、これは自覚もなく漠然と働いていて成就されるようなものではありません。己の人間性、魂を磨き、徳を身につけるのだ、そして、社会や他者に奉仕するのだという確然とした志、目標を持った上で働くことが求められます。

服役後、私は人格の陶冶や人間性の成長を軽視してきたことを猛烈に反省しましたが、それに目を向け、己の人間性を磨くのだと考えると、自ずと社会や他者のためになることを「したくなるのだな」ということに気が付きました。私利私欲、自分さえよければいい、という浅ましい思考ではなく、自分が働くことが社会や他者のために善となるように考えるようになったということです。

ですから、あなたには働くことを通じて自らの人間性を磨き、徳を身につける、真に人として成熟するということを心がけて欲しいと願っています。これらのことが身につくと、あなた自身のみならず、接する人々との関係もよい方向に変わり、人生の質がよきものとなることは必至です。

以前の私は優秀な職業人、プロフェッショナルであることを第一とし、そのために自分の時間・お金・エネルギー等の一切を注ぎ込んで働いていました。しかし、己の目指すものに欠けていたものがあり、このような境遇になってしまったわけです。

どうかあなたは、私の愚かさを反面教師として仕事のスキルを磨くこと以上に、人間性を磨き、人格を陶冶し、徳を身につけることを第一として下さい。

働くことは日々の修行であり トレーニング

働くとはどういうことか、その意義として、毎日の修行、トレーニングがあります。まずは自分が職務に対してどのように取り組んでいるのか、その思いと態度があなたという人間を表す指標になり得るのです。

・与えられた仕事だけをやるのか
・それすらまともにやらないのか
・与えられた以上の仕事をするのか
・仕事は義務か
・仕事は楽しみか
・給料をもらうためだけのものか否か
・仕事に目的や目標はあるのか
・どんな時でも誠実に仕事をしているか
・成果を上げているか
・気分に左右されないか
などなど、こうした面からでも、その人の性向、特性を判断できます。

人間というのは、たとえ無意識でも自分のことは過大に評価し、実力以上の自分であるように言うことが少なくありません。言葉だけを聞いていると、実に仕事のできる熟達した人と感じるものの、いざやらせてみると、「あれ?」ということが多々あるものです。

私は言葉だけで判断するということがありませんが、それは子どもの頃から、しばしば言葉と行動の乖離、落差を見てきたからでした。

また、父が営んでいた金融業という仕事を子どもの頃から見てきて、それを自分でもやるようになり、人間というのはたとえ意図せずとも自己保身や防衛のためには易々《やすやす》と嘘が言えるのだ、そして、そのことへの罪悪感も薄いのだと知っていたので、人を判断するのに行動を見ることが習性となりました。

刑務所においても、新しく入って来た人の仕事振りを見ると、ほぼ、どんな人間かわかりますし、ほとんど外れることはありません。それほど働き方、仕事の仕方は、その人を表してしまうのです。

仮に万人が自分の持つ能力を十分に発揮して働いたとしたら、その成果は能力と正比例して働く態度も誠実と評価できますが、残念ながら世の中はそんなに単純なものではありません。

能力があるにもかかわらずこれくらいでいいだろう、最低限の労働で給料をもらおう、気分がのらないから今日は手抜きしよう、この仕事は好きではないからこの程度で、大して働かなくても時間が経てば給料はもらえる、他の人に多く働いてもらおう、など、他にも理由は山ほどあるでしょうが、真面目さ、勤勉さとは対局の態度で働く人が多数いるのです。

やる気がないわけではないのに持久力がない、注意力が足りない、感情の起伏が激しい、時間にルーズなど、改善した方が望ましい傾向があるなら、普段の生活と共に、働く過程で直すことができます。

仕事の内容によっては、会社の同僚や顧客と接する時間、機会が多い人もいるでしょうが、これはコミュニケーションスキルを磨くチャンスです。友人や家族と接する気楽さとは違う、社会人としての常識や礼儀、マナーも身につけられますし、相手の心情や意図を推し測る訓練にもできます。

仕事、労働をいやなもの、不快なものとするか、楽しいもの、訓練とするかは、あなたの考え方一つなのです。もし、好きでないものだったならば、「なぜだろう」と感情を除いて考えてみる必要があります。

どの部分が好きではないのか、全部が好きではないなら、なぜその仕事をしているのか、ただただ、いやという感情だけに流されず、あたかも他人事《ひとごと》のごとく客観的に分析するのです。

そこで考え方や視点を変えて、忍耐力を養うトレーニングにしてみる、どこかの部分をきっかけに負の認識を転換する努力をしてみる、ということを試みます。仕事に限らず、いやだなと感じることを続けることは、給料を得る反面、人生から失うものが多いものです。

好きではない仕事に従事し、やる気もない、向上心も仕事上の目的や目標もないというのは、徒《いたずら》に自分の時間、つまり、命や人生を空費させ、自らの精神を侮辱していることでもあるのです。気付いている人は多くありませんが、その気がなくても、目先の利益や給料のために望まない仕事をし、努力を放棄していることは、自己への裏切りであり背信でもあるのだと知って下さい。

自分が自分を欺き、誠実に取り組んで努力すればあるであろう未来を失っているのです。今のあなたが、そのような状況だったなら、すぐに転職するか、あるいはいやなことをどのように克服するかの訓練にしてやろう、という考え方で自分の幅を広げ、心の成長を目指すようにして下さい。

働く上で何を求めていけばよいのか

働くことの意味、意義がわかれば、次はどのように働くのか、働く上で何を求めてよいかについて述べましょう。

18歳で社会人となり、入社した会社で最も仕事ができる常務取締役が新人の私に授けてくれた言葉に、「3日やったらプロフェッショナルでなきゃだめだ」という趣旨のものがあります。

初めて社会に出た私は、周囲の大人たちの言葉と行動を目と耳を総動員して吸収していたのですが、この常務の言葉は鮮烈に覚えています。

「そうか、俺は3日経ったらプロフェッショナルなのだ、まだ新人ですという言い訳も甘えも許されないのだ。よし、頑張るぞ！」

まさに青雲の志、大望《たいもう》を抱いていた若き私はプロフェッショナルという言葉に全身の血を滾《たぎ》らせたものです。以来、この言葉を胸に刻み、自分が経営者となってからも言い続けていました。

そのプロフェッショナルを目指すために、何よりも自分の主体性を意識することが基礎になります。**主体性を持つとは、他者に依存することなく、仕事の責任を自分で持つ、できない言い訳を探す前に、どのようにしたらできるかを考えること**です。

言い訳をしないことは、愚痴を言わないことと並んで自分を侮辱しない作法の一つだと覚えておいて下さい。言い訳や愚痴を口にした途端、人は建設的に、そして論理的に問題を解決しようとする視座とモチベーションを失い、それが悪い習慣となって自分の潜在的能力を下げてしまいます。

また、悪い意味で他者と比べて自らを貶《おとし》める、卑下する、むやみに他者をうらやましがるのは何のプラスにもならないので避けましょう。そのような精神の在り方があなたをどんどん小さくしてしまいます。逆に比べることで、「よし、自分はより高みを目指してやる」「自分にだってできる」という奮起につながるのなら構いません。

同じ状況に遭遇しても、それをどのように感じるかはあなた次第であり、災難や困難に対して、「自分を鍛えてくれるのだ」「これも訓練だ」「成長の糧にするのだ」という捉え方をして、どうか苦労しながらでも乗り越える、その様子をもう一人の自分が空から眺めているというイメージを持って下さい。

主体性を持つ、自分の人生や仕事のビジョンを持つことも重要であり、ビジョンと同時に責任を持つこともプロフェッショナルの条件です。プロフェッショナルである以上、自分の仕事についてては主体性を持って深く探究し、実践できるように努めます。

プロフェッショナルとは妥協せずに、仕事の細部まで点検し直して、より成果の出る方法や仕組みを考える人のことです。人はどうしても保守的になり、安定を求めてしまうものですが、既存のシステムや方法が本当に最も効果的なのか、他に手はないのかと試行錯誤することも、仕事への自覚や意欲向上につながります。

失敗も学びである

生きていれば、うまくいかないことや失敗は付きものです。がっかりするのもわからないわけではありません。しかしがっかりして落ち込んで何かが改善するでしょうか。改善しないどころか、自分の努力や価値まで否定して、やる気とモチベーションを下げる、失うこともあります。

大事なことは、人生はまだまだ続き、そのためにも失敗を学びの経験に転換することなのです。そうは言ってても理屈ではわかるけれど、人間である以上、感情があるからという弁解を捨てなければなりません。

「がっかりして落ち込むことで事態は変わりますか？　改善されますか？　時間は戻りますか？」

このように考え、失意の時からの回復時間をできるだけ短くし、「だめだったか、何が原因だったのかな、よし、次だ次」と気にしないで対策を考え、実行するようにして下さい。

お金や物は失っても取り返せますが、時間は違います。**時間をどのように扱うのかでその人の人生と成果は変わる**のです。どうか、このことについてこれまでの自らを振り返って考えてみて下さい。

毎日が成長のチャンスだ！

この他に、あなたが日常の仕事においてスキルアップし、成長を望む上で心がけることは少なくありません。大前提として、苦労や困難はチャンスだということです。決して避けないで下さい。避けたり逃げたりすれば、その問題は時と場所と状況を変えて、あなたに付きまといます。

現代は先の読めない時代と喧伝《けんでん》されて久しいですが、新型コロナの問題が出現してからは、その傾向に拍車がかかりました。これまで大企業、安定した企業とされてきた企業さえも、長く将来にわたって安泰とはならない時代になっています。

そういう状況下、すべきことは自分に力をつけることです。自立の精神を持って下さい。会社からも他者からも自立し、学んで将来へのビジョンと能力を培うことを心がけて下さい。

いい会社を求めるより、自分に力をつけることが「変化が大きく、不確実性が高く、複雑で曖昧なVUCAの時代」に生きる必要条件です。情報を集め、分析する、変化を厭わず学ぶ、自分の頭で考えて付和雷同しない、変化をおもしろがる、そんな意識を持って下さい。

また、世の中や周囲を見る時には空から大局的に鳥瞰《ちょうかん》することに併せて、間近で細かいところまで見るミクロの眼も忘れないことです。この両方をバランスよく持つことを心がけて下さい。

どんな仕事でも好き嫌いを言わず、「今」に集中していれば、やがて、その仕事が天職と感じられる日も来ます。時には「ストレッチ・アサインメント」（背伸びが必要な仕事）にも挑んでみることです。トレーニングになりますから。そうして、自分だけのためではなく、社会や他者の役に立てる、貢献できるように働いて下さい。

あなたの未来は遠くにあるのではありません！「今」の積み重ねの結果が未来なのです。大した努力もせず、行動もせず、明るい未来が来るのではなく、あなたの日々の思考と行動の集積が未来となります。目の前の仕事を誠実にこなすと共に、量をこなして熟練して下さい。

また、主体性を放棄して自分を偽って迎合ばかりしていると人は腐ってきます。自分の目的、目標は何なのか、どんな人間になりたいのか、将来へのビジョンを持って働いて下さい。

「積小為大《せきしょういだい》」という二宮尊徳《にのみやそんとく》の言葉があります。「小を積み上げて大を為す」という意味ですが、小さな努力を重ねることを怠らないようにするということです。この考え方、態度をずっと持ち続けて下さい。それを続けていると、自ずと望んだような未来が現れます。

仕事、プロフェッショナルにまつわる私の好きな逸話を紹介しましょう。紀元前5世紀頃の古代ギリシャ時代のことです。巨匠と称されたフェイディアスという彫刻家がいました。

彼がアテネのアクロポリスにある「パルテノン神殿」の内と外を飾る彫刻を頼まれた時、神殿の屋根の上に並べた彫刻群の背中の羽まで丁寧に彫り込みました。

そうして料金を請求したところ、依頼者は、屋根の上にある像の背中の羽など誰も見ないところまで彫ったのだから、その分の料金は払わないという趣旨のクレームをつけたのです。

するとフェイディアスは、誰も見ていなくても天上から神が見ているという返事をしました。誰かが見ている、見ていないにかかわらず、己のできる最善の仕事をするという尊い精神を、あなたも持ってくれることを切望します。

自分の外部のことに左右されず、日々、地道に愚直に仕事をする、あたりまえのことをあたりまえにやる、すぐに見返りを求めない、行動すること、自己管理することに努め、そうして学び続けてチャンスが来れば活かします。たとえ来なくても自分のすべきことに没頭する、実に高貴な職業人生活ではないでしょうか。

仕事は遊びを担保します。大いに働くがゆえに遊べるのです。どうか「大いに働き、大いに遊ぶ」人生にして下さい。あなたの未来を輝かしい未来にできるのは「今」からのあなたなのです!!!

「働く」を知る座右の言葉

働くことは日々の修行でありトレーニング。
どのように取り組んでいるか、
その思いと態度が
あなたという人間を表す指標になるのだ。

第二章

なんのために働くのか

「働く」の本棚

『苦しかったときの話をしようか』森岡《もりおか》 毅《つよし》（ダイヤモンド社）

ユニバーサル・スタジオ・ジャパンで活躍後、自らマーケティング会社を設立した著者が、大学2年生になる娘に「人生指南・職業案内」という目的で綴ったノートがベースです。人はどのように生きていくのか、自らの内に持っているものをどのように知り、活かすのかなど、有益なノウハウが満載でした。

『メニューは僕の誇りです』斉須《さいす》政雄《まさお》（新潮社）

著者は東京のフレンチレストラン『コート・ドール』のオーナーシェフです。フランスでの修行の様子、帰国後にどのような経緯で店を開いたか、その過程で、働くとはどういうことか、困難にどう向かっていったかなどが綴られています。

『ビジネスマンの父より息子への30通の手紙』
キングスレイ・ウォード／城山三郎 訳（新潮文庫）

会社経営をしている父が、その後を継ぐ若き息子のために人生と仕事についての注意・忠告を認めた手紙がベースです。人としてどうあるべきか、学ぶことの大切さ、諸々の注意、ユーモアを交えた叱咤激励など、高い教養と人格を持った父から息子への優れた指南書でした。

『プロフェッショナルの条件』P・F・ドラッカー／上田惇生《あつお》編訳（ダイヤモンド社）

ビジネスパーソン、経営者のバイブルとも呼ばれる書を多数出している著者が「プロフェッショナルとは何か」「その条件とは」をテーマに語っています。著者が言いたいのは、与えられた仕事を安穏とやらず、自らの頭で考えて働くということでした。

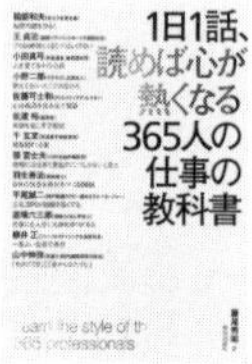

『1日1話、読めば心が熱くなる365人の仕事の教科書』

藤尾秀昭　監修（致知出版社）

歴史上の人物、巷間で評価の高い人たちの仕事についての言葉が並んでいます。日々、自らのすべきことに最善を尽くす誠実さをモチベートしてくれる一冊になるでしょう。繰り返し読むことでそれぞれの言葉の持つ意味を体験して身に着けてください!!

第三章

なんで政治に参加するべきなのか

政治に関心を持つべき理由

あなたは選挙に行きますか？

時を経ると共に投票率が下がると言われて久しい今日この頃ですが、**投票に行くことは義務ではなく、国民として、社会人としての権利であり、責任**なのです。

それを踏まえて、この章では選挙の目的及び「なぜ、政治に関心を持つべきなのか？」というテーマについて説明しましょう。

２０１５（平成27）年６月19日に「公職選挙法」が改正され、国政選挙（衆議院・参議院）と地方選挙における投票年齢規定が従来の20歳から18歳以上に引き下げられました。

参政権が拡大されるのは１９４５（昭和20）年の「衆議院議員選挙法」改正で女性に参政権が認められた時以来のことです。２０１６（平成28）年の参議院選挙から適用され、全国で約２４０万人の有権者が加わりました。翌年の衆議院選挙と合わせて、18歳、19歳の投票率はそれぞれ約49・58％、約37・78％、10代全体では約43・68％でした。

選挙権が20歳というのは1876（明治9）年の太政官布告を経て、1896（明治29）年に制定された「旧民法」で成年年齢を20歳としたことに由来します。当時の欧米各国の成年年齢が21歳から25歳だったので、それより平均寿命が短い日本は20歳としたと言われています。

その後、2001（平成13）年、2002（平成14）年に18歳選挙権について検討されましたが、実現に大きく前進したのは2007（平成19）年5月に第1次安倍政権下で「日本国憲法の改正手続に関する法律」（国民投票法）成立に伴い、附則の第3条によって、国民投票法が施行されるまでに選挙権を18歳以上とするようにしたのです。

18歳選挙権の目的と意義

18、19歳の若い人に選挙権を与えた目的と意義とは何だったのでしょうか。現在の日本社会を背景として考えてみます。

既にあなたも知っているように、私たちの国は少子高齢化が進み、政策や社会制度においての若者と高齢者の世代間での待遇格差が出てきました。わかり易い例としては社会保障がありますが、格差の原因は高齢化だけではありません。

民主主義の制度の要は、選挙によって自分の代わりとなる議員を選んで政治を託す点にあります。選挙で選ばれる以上、どうしても票につながる政策、それを支持してくれる層を重視しなければなりません。

毎回の選挙では、各年代別の投票率が公表されますが、高齢層になるに従って投票率が上昇するというのが常識となってきました。すると、ただでさえ少子化で若者人口が少ない上に、その若者の投票率まで低ければ候補者は票になる層に支持される政策を考えて実行するようになるのも致し方ありません。

候補者、つまり政治家は選挙に勝つことが至上の命題で、その多くが落選すれば無職で収入もない人たちなのです。企業で言うならば、マーケティングをして消費者、顧客にウケる商品を用意するのと同じと言えます。

そのために**高齢層に支持される政策や制度が一般化されていくと、若者層が受けるはずだった権利や利益、国からの福利厚生など諸々のことが縮小・削減され、生活や経済上に深い影響が及ぶようになる**のです。

若者世代は将来にわたって日本を背負っていく人たちなのに、社会的、経済的に弱体化することになります。そうなると、若者層には未来への希望も展望も持てない人が増えて国と社会の健全な発展も望めなくなってしまうのです。

高齢者と若者の間において世代差を原因とした格差が広がることは、世代間の断絶、対立につながり、社会の不安定化を招きます。社会の不安定化は、精神の安定や安心だけではなく、日々の暮らしを支える経済の衰退の原因にもなってしまうのです。

経済の衰退は将来にわたって若者の希望や活力を奪うだけではなく、国の財政や社会保障、社会福祉を不安定なものにします。

あなたは、このような国や社会の在り方を望んでいますか？

そうではないでしょう。そのためには、若い人も積極的に選挙をはじめとした政治に参加しなければなりません。政治に興味が持てない、誰に投票していいかわからないという人も数多いるでしょうが、**自分の将来のためにも、政治に関心を持ち、「自分たちのことは自分たちで決める」という民主主義の意義を考えて実践して下さい。**

政治と言えば、国民は国を問わず国、政治家から与えられるものという観念が主ですが、民主主義の社会では、その観念は誤りです。その昔、アメリカの若き大統領ケネディは、「国家が自分たちに何をしてくれるかではなく、自分たちが国家に何ができるのかを考えよ」というような趣旨の言葉を残していますが、この言葉こそ、「自分たちのことは自分たちで決める」という民主主義の精神につながるものです。

繰り返しますが、選挙権を持って政治に参加することは、義務ではなく権利であると共に、責任だということを自覚して下さい。それは誰でもない、あなたの「今」と「未来」のためなのです！

日本と各国の若者の政治への意識と教育

中には政治なんて、とか、若い人は自分も含めて関心がないだろうと考えている人も少なくないでしょう。そこで日本と海外のいくつかの国の若者の政治への意識を調べてみました。

2013（平成25）年の内閣府の調査では「政治に関心がある」と答えた若者の比率は、日本50・1％、ドイツ69％、韓国61・5％、アメリカ59・4％、イギリス55・8％、フランス51・8％、スウェーデン46・4％でした。

また、若者が対象の政策について「若者の意見を聴くべき」という設問に対して「そうだ」と思っている若者の比率は、日本67・7％、ドイツ79・2％、韓国77・1％、アメリカ72・7％、イギリス73・3％、フランス70・9％、スウェーデン77％でした。

以上の二つの設問では、日本の数字は両方共、最も低いものですが、極端に差があるわけではありません。また、10代の投票率が43％強という点を鑑みれば、政治に関心のある日本の若者の投票率は、まだまだ上がる余地があります。

では、もう一つ2014（平成26）年の内閣府の「子ども・若者白書」のデータを紹介しましょう。それによれば、「自分が参加することで社会現象が変えられるかもしれない」と考えている若者は、日本の30・2％に対して、ドイツ52・6％、アメリカ52・9％、イギリス45％となっていました。これは、「政治に関心はあるが、自らが参加することで政治を変えられると考えている人は他の先進国に比べて少ないこと」を示しています。

しかし、見方を変えれば30％の若者が「自分が政治に参加することで社会が変わるかもしれない」と考えているのは、将来に向かっての希望になり得るようにも感じますが、あなたはどう感じたでしょうか。

主要先進国での若者への政治教育はどうなっているのか

主要先進国での若者の政治教育及び若者たちの政治参加について、概略を述べてみましょう。ドイツ、アメリカ、イギリスを見ると、学校での中立的な政治教育の後には、若者、生徒間で分析と討論を行うのが定番です。アメリカでは模擬選挙もあり、なんと幼稚園児も参加して投票しています。大統領選挙では、現実の結果とほぼ同じになるそうです。さらに「ホワイトハウスフェロー」という制度では全米から十数人の若者を選び、大臣直属の特別補佐官をさせるなど、実体験を重視しています。選挙運動では戸別訪問もして、政治という空気を肌で感じる仕組みになっていました。

イギリスでも「パリッシュ」という準自治体を若者たちで作る他に青年議会を設置し、若者独自の政策提言と実行など、政治参加に観念ではなく実地で経験できるようにしています。共通するポイントは、実践と参加にあります。

日本の政治教育はどうなっているのか

最近は一部の高校で模擬投票を採り入れていますが、日本には法制上・慣習上の障害がありました。それは「教育基本法」の存在です。

現在の「教育基本法」第14条では、第1項で「良識ある公民として必要な政治的教養は、教育上尊重されなければならない」としながら、第2項で党派的政治教育の禁止規定を設けています。

具体的な条文では、「法律に定める学校は、特定の政党を支持し、又はこれに反対するための政治教育その他政治的活動をしてはならない」というもので、この条文を守ろうとするなら、教育する教師の言動も慎重にならなければなりません。

この他にも「教育公務員特例法」では「公立学校の教育公務員の政治的行為の制限」がありますし、「公職選挙法」では「教育者の地位利用の選挙運動の禁止」が求められています。そのため、政治的テーマを扱うこと自体が、政治的中立性からタブーとされてきたのです。

中立性については２０１５（平成27）年10月29日に文部科学省初等中等教育局長から、「高等学校等における政治的教養の教育と高等学校等の生徒による政治的活動等について」という通知があり、次のことが定められています。

「指導に当たっては、学校が政治的中立性を確保しつつ、現実の具体的な政治的事象も取り扱い、生徒が有権者として自らの判断で権利を行使することができるよう、より一層具体的かつ実践的な指導を行うこと」、「多様な見方や考え方のできる事柄、未確定な事柄、現実の利害等の対立のある事柄等を取り上げる場合には、生徒の考えや議論が深まるよう様々な見解を提示することなどが重要であること」

として、教師が個人的な主義主張を述べることを避けて、公正かつ中立な立場で指導すること、特定の見方や考え方に偏った取り扱いによって、生徒が主体的に考え、判断することを妨げないように留意することも求められていました。

かつて、特定の組織が何も知らない白紙の状態の子どもたちに左翼思想を注入した例が多数あったことから、この規定が設けられたのです。その結果として、議会や議員の任期、制度などの外形的なことは教えることができても、肝心の政党や各党の政策、その効用の是非（いいのか、悪いのか）などは教えられないことになりました。

このようなことで、子どもたちが政治や政策について教師と議論することが妨げられ、政治的リテラシーの習得が難しくなったのです。併せて、自治体の教育委員会も政治教育に過敏になり、校外での政治活動に参加するには学校への届け出が求められたり、模擬投票の実施にあたって各政党の政策を討論したり、政治家の話を聞いたりすることは「教育基本法」に違反するとして避けています。

選挙権が18歳に引き下げられてから、高校生の政治活動は原則として認められることになりましたが、現場では状況を見ながらの判断となっています。

子どもの政治参加については、日本も1994（平成6）年に批准した国際条約「子どもの権利条約」において、「意見表明権」「表現の自由」「結社・集会の自由」が認められています。結社とは、共通の目的・理念を持つ人々が組織を作ることです。

民主主義とは何か

民主主義の起源は紀元前6世紀後半のアテネが発祥とされていますが、この時代は戦争が多く、それに参加した成年男子が参政権を要求したことから、民主主義が誕生したのでした。しかし、それは奴隷を除いた自由人と限られていたのです。

時代を下っても各国では国を守ることができる成年男子だけに参政権を与えてきました。いわば、参政権は国防の任を担った者の名誉でもあったわけです。近代になり、戦時下での男のいない社会で代わりに活躍してくれたというので女性にも参政権が与えられるようになりました。

日本は民主主義の国です。あなたも政治への興味は別として民主主義という言葉は、よく見聞きしてきたことでしょう。では、民主主義とは何だと考えていますか？
実は**民主主義というのは思想や信条ではなく、「道具であり機能」**なのです。その扱い方を学ぶと共に、正しく使いこなすには「情報や現象を正しく捉えた上で」判断する習慣も身につけなければなりません。

単刀直入に言えば、民主主義の決定の原理は「多数決」です。ただし、条件が付きます。その条件とは、よく話し合うこと、熟議することです。その問題や課題について十分に議論や検討をしなければなりません。

そして、もう一つの条件は、多数決で負けた側、つまり少数派の意見を無視するのではなく、できるだけ反映する、酌《く》み取るという態度が大事です。そうではあるものの、現実には双方の主張の隔たりが大きい問題が少なくないので、少数派は切り捨てられたと感じるケースが出てきます。

さらには、もう一つの条件として、決まったことには自己の主張と違っていたとしても従うということがあります。自分の主張が通った時は従う、そうではない時は従わない、では民主主義ではありません。

また、民主主義は話し合うこと、熟議することが原則であり、そこで対立する主張の間に妥協が見られない時には多数決でどちらかの主張、案を採用します。それなのに、話し合いや議論にも応じないのは民主主義のルールを破ることになるのです。

他に少数派＝マイノリティが自分たちの主張や要求が通らなかったことで、あたかも多数派の横暴であるとか、自分たちマイノリティは迫害、排除されている、被害者だと多数派を批判することは誤りです。

もちろん、多数派＝マジョリティが数の力で少数派を弾圧し、排除しようとすることも誤りになります。民主主義において多数決で決めるということは、不満が残ることも少なくありません。あなたも、そんな経験があるかもしれませんね。

多数決は、必ずしも最善の策とは言えない時もあります。たとえば、次のケースを考えてみましょう。100人の子どもが、チョコレート、クッキー、ロールケーキの中から、行事の時に出されるお菓子を決めなさい、となった際に、チョコレート派28人、クッキー派33人、ロールケーキ派39人で、ロールケーキに決まったとします。

この場合、多数決で民主的にロールケーキと決まったわけですが、61人は望んでいませんでした。不満ということです。これでも、多数決によって決まったのだから民主主義であると言えるのです。

多数決において、もう一つの考え方としては、「過半数以上」でなければみんなの意思や主張が反映されたとは言えないということもあります。

その場合、前述の三つの中から選ぶ方式ならば、39人のロールケーキと33人のクッキーで再び決を取りますが、その時28人のチョコレートを選んだ子どもたちは初めから自分の希望が通らないという前提で、「よりましな方」、「次善」を選ぶことになるのです。

ここで、あなたに覚えておいて欲しいことがあります。それは、**「よりましな方」**、**「次善」という言葉と思考**です。多数決、それを含む民主主義において、この言葉と思考を念頭に置いておくことが、政治を考え、判断する上で不可欠になります。

そして、民主主義という、「他の方法よりはまし」とされている政治形態でも、全員、時としては多くの人の主張や希望が採用されないことを知っておいて下さい。

そのような状態になっても民主主義を守るために重要な考え方、態度は、「自分と異なる主張に対して、柔軟かつ誠実に耳を傾けること」「単に批判のための批判に固執するのではなく、主張の意義や目的を理解して、現実的な折り合いをつけること」です。議論すらせずひたすら批判・非難するのは、民主主義の破滅につながります。

民主主義の根幹である選挙というのは必ずしも全国民の意思や願いを反映するものではありません。どういうことかというと、「選挙に行った人たち」の意思や願いが政治に反映するということです。日本では超高齢化社会ということもあり、高齢者層の有権者の方が、未来を担う若者層より多数派になっている上に、選挙の投票率でも高齢者層の方がより高くなっています。

選挙というのは一票でも多くの票を集めることであり、政治家としてはどちらの層の意思や願いに沿った政策をアピールし、実践した方が有利なのか……考えるまでもありません。

その結果として高齢者層に都合のいい、その分若者層には配慮に欠ける政策が実施されるようになるわけです。他にも政治参加には、「資源」「指向性」「リクルートメント」という要素があり、これが政治への参加を左右しています。「資源」とは、その有権者の経済的状況や時間、知識の有無で、これがある人ほど政治に参加するのです。「指向性」とは、政治への関心や意思の有無、強さのことで、参加を誘引する要素になっています。そして「リクルートメント」とは、他者への、あるいは他者からの問いかけ、動員力、さまざまな社会のネットワークとのつながりなどの諸要素を指し、これが豊かな人ほど参加が促進されます。

以上の事情により、政治に関心がないわけではないが選挙には行かない、という若者が少なくないのです。生きる基本は自助ですが、同時に自分たちの生活や仕事に対し、未来は明るい、社会は安定していると感じるセーフティネットは必要となります。あなた自身も含め、社会の人々がそれを感じるようになれば、国としても安定と発展が見込めるからです。そのためには投票を通して政治に参加しなければなりません。

国政以外の地方自治体では「住民投票」を通して各条例の改廃も請求できるなど、やろうとなればできることは多々あります。自分が参加して何か変わるのだろうかと疑問を持つ人もいるでしょうが、ハーバード大学の政治学者、エリカ・チェノウェスらの研究では、社会のたった3・5％の人々が本気で立ち上がると社会が大きく変わるとされています（『人新世の「資本論」』集英社新書）。近年は＃（ハッシュタグ）で数百万人が瞬く間に声を挙げられる時代になったので、このことは絵空事ではなくなりました。一人ひとりが参加することにより、前出の三つの要素を潤沢に持つ富裕層や高齢者層による政治を脱し、若者の未来が輝くような政治にすることも可能なのです。

その昔、アメリカの第16代大統領、リンカーンは「投票は弾丸より強い」と語りました。どうか、その言葉を胸に、あなたも3・5%に一人になってください。

また、政治リテラシーが低い人が多ければ、その資質がない人でも政治家になれてしまうので、政治の劣化＝国民生活の悪化、国力の衰退につながります。低劣な政治家が跋扈《ばっこ》するということは、メディアと国民のレベルが低いということでもあり、その状態が続くなら、国は衰え、あなたの生活にも影響が及ぶのは必至です。

そのような未来が来ないように、あなたも自身の将来のために政治に関心を持って、しっかり参加して欲しいと切に願っています。この章は、もし、政治に慣れていなかったとしたら読むのは大変だったかもしれませんが、今の既存のメディアでは真実を知ることは困難なのであえて綴ってきました。事実や起こったことを客観的に見るということをあなたのベースにして、より見識を広げていって下さい。

政治とはどういうものなのか

いよいよ、まとめに入ります。政治を学ぶ、見る、そして参加する上での心得と注意です。まず大前提として、**「政治に100%はありません」ということを胸に銘記して下さい。**

100%という意味は、AやBという提案があった場合、あるいは提案がAだけであった場合でも、それらが100%その提案通りに実現される、結果として表れることはほぼないと仮定しておくことを指します。

新たな法案が国会に提出される前、あるいは提出後、その原案があなたの意向を反映したものであったとしても、可決されて実現した時には当初の案より修正され、本来の目的や効果が弱められていることが一般的です。

なぜ、そうなるのでしょうか？　それには、いくつかの事情があります。一つは、国会の場には与党と野党がいて、多数派の与党といえども、全面的に野党を無視する

ことはせず、野党の提案（修正案）も受けいれて妥協するからです、
政治というのは、利権や利害が対立する中で、どれだけ妥協するか、どこを主張して、どこを譲歩するかという調整と妥協の産物です。各政党支持者からの要望も千差万別であり、これだけの国民、有権者がいる以上、全員の意向を満たすことは不可能です。それだけに、どの程度そういった人たちの思いを反映するのかという調整が政治とも言えます。
以上、説明してきましたが、言いたいのは100%はないということです。100%を望む人は現実がわからない人でもあります。理想は大事ですが、諸々の利害関係者の思惑が錯綜するため、バランスを取らなくてはならないのです。さらに政治を見る上で、重要なことがあります。

政治を考える上での要諦は「悪さ加減」だ

政治家・政党が掲げる政策、実際の行動と結果が、前述したように100%支持者を納得させることは稀です。何千万人という有権者にそれぞれの要望や価値観がある以上、それらを全て満足させ、納得させることなどできません。一部の人には満足であっても大部分の人には不満ということは多々あります。ここで心に留めておいて欲しいことは、**自分の主張だけが「絶対に正しい」という考え方ではなく、さまざまな主張がある**ということです。

それに加えて、1990年代以降、特定の党を支持する人の割合が減りました。近年では、この「無党派層」が半数前後になり、その時々の世論の高まり、俗に言う「風」によって政党間に大きな差が出るようになりました。特に新しい政党が結成された際の選挙ではメディアの注目を浴びることも多く、健闘することが増えています。

しかし、そのように人気を集めた政党も総じて6カ月、長くて1年が賞味期限です。1990年代以降たくさんの新党が結成されては短期間で消えてきましたが、有権者は現在に至っても新党に投票する、つまり期待することをやめません。

それはなぜでしょうか?

当然、新党ですから、何か新しい政治をやってくれるのではないだろうか、今までの政治を変えてくれるのではないだろうかという、清新さに対する人々の願望と期待もあることでしょう。ですがそればかりでもなく、「今ある政党よりは「まし」であろう」「既存の政党には期待できない、投票したくない」という有権者も少なくないのです。むしろ、そのような有権者の方が多いかもしれません。

政治を考える、評価する際には、この「ましであろう」という思考が必要です。A党とB党ならば、まだA党の方がましであろう、という「悪さ加減」で考え、見ることが必要なのだと知っておいて下さい。

日本には1億2455万人もの人がいて（2021年1月1日現在）、そのほとんどが有権者なのです。その人たちの政治に対する希望や要求は千差万別で、全ての人の要望を満たすことはできません。その時には、自分の要望や価値観を基礎として、どれがましなのか、どこが悪さ加減ではましなのか、と考えることが大事なのです。

あなたが政治に関心を持ち始めてから失望するまで、それほど時間はかからないでしょう。理由は、あなたが抱く多くの期待と希望が政治によって実現されるのではないかという思いが、「不可能だ」に変わるからです。残念なことですが、政治に「最善」はありません。

さまざまな利権や利害の対立による調整と妥協が付きものだからです。しかし、決して失望することなく「最善」より「次善」、「よりましなのはどっち?」、「悪さ加減ではどう?」という物差しを忘れずに参加して下さい。

今、日本は安全保障上でも経済上でも大変な時を迎えているだけに、国民は客観的な視点で政治を眺め、国と国民にとって正しい、あるいはプラスになる政治をしている為政者には応援と支持を与えなくてはなりません。そして、政治リテラシーを持った人を増やし、歪んだメディアや知見をも是正していくことが必要です。

あなたが正しい目で政治を見て、それを一人でも多くの人に伝える、そうしてその輪を広げていけば変わらないことはありません。「雨《あま》だれ、石を穿《うが》つ」という言葉もあるように、たとえ一滴の雨だれでも継続することで変えることができるのです。**幸いにもあなたの生まれた日本は民主主義の国であり、自分たちが本気で「その気」になれば社会を変えられます。**現代はインターネットという武器も持つことができました。この僥幸《ぎょうこう》を黙って見過ごす手はありません。

どうか、正しい目と心を持ち、客観的に政治を見ながら、「自分には何ができるのか」を熟考し、政治に参加して下さい。第二次世界大戦の時イギリスの首相だったチャーチルが政治参加について、こんな至言を残しています。「選挙とは、必ずしも信用のおけない候補者たちの中から、相対的によさそうな人を選ぶ、「忍耐」のことである」。

まさに真理です。「どっちがましか」という悪さ加減であり、理想通りにならないのが政治なのです。また、チャーチルは民主主義について、「民主主義は最低の政治形態である。ただし、これまで試されてきた全ての政治制度を除けば」という有名な言葉を残しています。

そう考えると人類は、それほど進歩していないのかもしれません。**世界の中には政治に参加したくてもできない国が数多あり、そのために命をかけて戦っている若者た**

ちもいるのです。それに比べれば、あなたは恵まれています。その環境を活かして下さい。

自分たちの国や社会は自分たちで創る、今は小さな声でも愚直に取り組み、やがては大きな声にすると考えて、日頃から政治を見続けて下さい。今、世界の主要国では国民の間に思想、イデオロギーの分断が広がるようになりましたが、日本も例外ではありません。

そうした社会の中で、自分と異なる主張や考え方もあるのだということを前提に、あなたは公正な視点で政治を眺め、国と国民のためにはどうなのかと自分の頭で考えるようにして下さい。

メディアや世論ばかり気にしているポピュリストの政治家に惑わされず、ビジョンや志を持った政治家、リーダーを上手に登用していくことが最も合理的なのです。口先だけ、パフォーマンスだけの政治家を選ぶ愚だけは回避しなければなりません。

政治に限ったことではありませんが、絶えず複眼で眺め、何が正しいのかを見極め、「自分が正しいのだ」ではなく、「自分は正しいことを追求するのだ」という人になって欲しいです。そうして国や社会をよいものにするために何ができるのかを考え、実践して下さい。

未来については誰もがわかりません。わからない以上、自分で創るのです。小さな声も粘り強く発していけば大きな声になり得ます。あなたの国、あなたの社会を少しでもよきものにするため、政治をあなたとあなたに連なる人たちのものとして考えてくれることを期待しています！

「政治」を知る座右の言葉

社会や多数の人が動くかどうかは、
覚悟と行動次第。
理念と現実、二つの視座を持て！
そうすれば社会すらも動かせる。

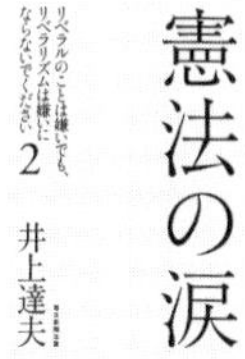

「政治」の本棚

『憲法の涙』井上達夫（**毎日新聞出版**）

良識を持つ数少ないリベラル派の識者である著者が、憲法第9条を巡る「改憲派」と「護憲派」の長年の対立、「護憲派」の中でのさらなる闘争について、公正中立な視点と切れ味鋭い論理展開によってその誤りを正している良書です。著者はリベラルながら欧米のまっとうなリベラルと同じ視座から、第9条をどうすべきか述べています。戦争のない世界、戦争をしない日本という国を美しい理想としつつ、現実の国際社会の不安定化に対処するにはどうすべきか。この著者の主張は一考に値する貴重なものでした。

『日本国憲法の真実』高尾栄司（**幻冬舎**）

戦後、日本国憲法がどんな目的を持って、どんな人たちにどのように作られたかを描いています。そのエピソードの一つひとつが興味深い、貴重な一冊になっています。記述についても正確であり、年齢を問わず読んで欲しい書です。

『迷走する民主主義』森　政稔《まさとし》（ちくま新書）

民主主義政治とは何か、現在、民主主義はどのような状況になっているかなどの本質に、欧米と日本を比較しながら迫っています。私たちの暮らし、未来の基礎ともなる民主主義について、政治のことを理解する上でも読んでおきたい書です。

『「野党」論』吉田　徹（ちくま新書）

野党とは何か、本来の役割とは何かなどについて多方面から分析しています。著者も、強力で質のよい野党の存在こそが、政治の質を高めるものと述べていました。単に何でも反対ではなく、「では、どうしたらよいのか」という建設的な対論を持つ野党が誕生して欲しいものです。

『平成政治史』大嶽《おおたけ》秀夫（ちくま新書）

平成に入ってからの日本の政治を時系列で説いた一冊です。著者自身の見方には、共産党についての記述を除いて偏りはありません。広く浅く見る上での好著と言えます。

第四章

なんで本を読むべきなのか

ビブリオマニアだった私の来し方

あなたは、読書が好きですか？

私にとって読書は、子どもの頃から生活と切り離すことのできない大きな一部でした。初めて自分で本を読むようになったのは3歳になる頃のことです。絵本を読んでと母に毎日、何度も催促したので、母は私に文字を教えることにしました。

そして、文字を覚えた私は自分で読むようになります。今でも昨日のことのように覚えている中に、ディズニーの『101匹わんちゃん』の絵本がありました。美しい色で描かれた犬のダルメシアンたちと、狡猾そうな悪女クルエラの顔が瞼の裏に焼き付いています。

母は、本を読みなさいとは一言も言いませんでした。そのかわり、家のあちこちに本を置き、私がいつでも、すぐに読めるようにしていました。このことは私が成人してから、母が嬉しそうに教えてくれたのです。

私の本好きはかなりのもので、家の中だけに留まらず、母とどこかに出かける時には必ず本を持って行きました。そうして何時間でも飽きることなく静かに読んでいたのです。

そうして私は小学校に入学してからも読書を生活の一部としていました。

本については両親が離婚するまでは、望むだけ買ってもらっていたのですが、母がいなくなって父の会社が潰れ、自分で稼がなければならなくなってからは、学校の図書室の本を片っ端から借りてきては読んでいたのです。

生来、寂しいという感情が薄かったのでしょうが、母がいなくなっても寂しさはなく、もしかすると毎日の読書が私の友となってくれていたのかもしれません。小学校時代から私はなかなか寝ない子どもで、父によく叱られていましたが、日中のみならず、夜、ベッドに入ってからもしばらく読書をしていましたし、朝、起きてからも読むという生活でした。

中学、高校でもそれは変わらず、たくさんの本を読み漁っていました。子どもの頃から質問魔なので読書の間も、「どうしてだ?」「どうなってるんだ?」「本当かな?」と疑問が尽きません。それを調べるために、また読書を重ねるという繰り返しでした。その過程も私にとってはおもしろいのです。

そうして、多読していくと、一つのテーマについても、いろいろな理論や主張があることがわかり、「あるテーマについて1冊や2冊の本では本当のことはわからないのだ」と考えるようになりました。それが今に至るまで、ずっと続いています。

私の人生に深い影響を与えたこと

小学生時代に感銘を受けたのは、ナポレオンについての本でした。古今東西の偉人伝をずいぶんと読みましたが、「余の辞書に不可能の文字はない」という言葉が胸に突き刺さったようで、ナポレオンに関する本ばかり読んだ時期もありました。

コルシカ島の貧しい貴族の子が一代で皇帝になり、イギリスを除くヨーロッパを支配下に治めたことや、度重なる戦争においてほとんど負けないこと、日に4時間しか眠らないで仕事したことなど、子どもの私は「凄い人だな」と、傾倒していたのです。

中学生になってからは、日本の戦国時代の武将の本や、大東亜戦争での軍人や、「神風《しんぷう》特別攻撃隊」などの本も多読しています。

特攻隊の若者、そう、まだ十代の人も少なくなかったのですが、そのような未来ある若者が、国のため、郷土のため、自分の大切な人のために命を捨てて戦うという行為に、人としての美しさ、凛々しさ、儚さを感じました。

彼らの遺書の数々にも目を通しましたが、本当の胸中は別として、死を迎えるにあたり、卑屈さはなく、晴れがましささえ綴っていることに、戦国時代の武将やその子どもたちと同じ潔い清新を感じ、人は須《すべから》くこのように生きなければならないのだ、と考えるようになったのです。

同じ頃に武将の本を読んだことがきっかけとなり、「陽明学」や『葉隠《はがくれ》』にも惹かれました。「陽明学」は「知行合一《ちこうごういつ》」と言って、思想は行動を伴わねばならない、という思想です。

どんなに立派で美しいことを言っても、言葉だけではただの思想、観念でしかなく、仮に自分の命や人生を捨てることになっても考えたこと、口にしたことを実行できなければ、単なる「口舌《こうぜつ》の徒《と》」、口先だけの人間だということです。これは『葉隠』も、有名なのは「武士道と云は死ぬ事と見付たり」という言葉です。武士とはどのように生きるべきかを綴った書ですが、私の性分に合いました。他にも、死ぬか生きるかの場面では死を選ぶべし、とか、災難に遭った時には大喜びすべし、など、私の好きな訓辞が並んでいます。

そういう本との出会いがあった後、私が生涯、求めようとした生き方を示してくれたのが、ロマン・ロランの『ジャン・クリストフ』でした。この本の主人公であるクリストフの、強引ですが真っ直ぐな生き方、損得など度外視した生き方は中学生の私の琴線を大いにかき鳴らしてくれたのです。

振り返れば、何があっても初志は貫くものという私の考え方、行動に嵌まった物語だったのです。決めたら必ずやる、達成するという精神を既に持っていた私にとっては、クリストフはただの知り合い以上の存在のようにも感じられました。

高校生になってからは、大学に行かないと決めていたこともあり、自分で勉強するために、哲学や経済学の本を渉猟《しょうりょう》しています。昔の旧制高校の学生みたいに「デカンショ（デカルト・カント・ショーペンハウエル）」も一通り耽読しましたが、その自律性や徹底性からカントを気に入っていました。

経済学も古典派、新古典派、マルクス経済学など、当時の学派は一通り勉強していました。「なるほど、資本主義の原動力は人々の羨望か」「資本主義で重要なことは稀少性なんだ、俺自身も他に代替性がない存在になればいいのだ」などと、独善的に考えていたものです。この稀少性は社会人になってからも、常に意識して行動しています。

そうして社会人となり、仕事三昧で忙しい時でも寸暇を惜しんで本を読んでいたのです。前述したように、初めての自営の職業に金融業を選んだのは読書の時間が多く確保できるからでした。振り返ってみると、本は私の人生にとってなくてはならないものになっていたのです。

社会から離れて拘置所にいた時も、丸三年に数カ月足りない期間に本が4000冊、雑誌2700冊が差し入れされ、他にも拘置所の購入申し込みで雑誌を読んでいました。差し入れ物品を記帳する職員は、この期間にこの冊数は前代未聞の記録だと呆れていたのですが、とにかく読書三昧の暮らしでした。

こう考えると、私の人生において読書は本を読むというのではなく、日々の糧そのものです。私の親しくしている人も、私にとって本は食糧だと言っていますが、その通りでした。この食糧＝本をなぜ読むのか、私の思いを述べましょう。

なぜ本を読むのか

本を読む理由はいくらでもありますが、私が最も強調したいのは、自分とは別の世界、別の人間が見られるということです。この中には自分と異なる思想や思考、価値観なども含まれています。

私もあなたも人生は一回しかありません。**波瀾万丈の人生だったとしても、世の中にはまだまだ自分が知らない、想像もできない世界があり、人がいるのです。**

そうした世界、人を知る醍醐味、興味深さが、自分の人生に彩りを添えてくれたり、

深みや幅をもたらしてくれたりすることがあります。一つの生き方、道を選ぶということは、他の生き方、道を捨てることにもつながっているのです。そんな時、自分とは別の世界や人を知ることは人生の羅針盤、星座、師にもなり得ます。

あなたは本の中で古今東西の世界や人を知り、知的好奇心を満たすだけではなく、処世上のヒントや教師を見つけることさえできるのです。生きる上で年齢を積んだ人には「経験知」というものがありますが、上手な本の読み方をすることで、若くてもその「経験知」が意味するものを知ることができます。

ただ「どのように」「どれくらいの深さで」知ることができるかはあなた次第ですが、どうあれ、1冊の本は、あなたに新たな世界を見せてくれます。新たな世界は「知識の世界」でもあります。その知識が多くなるほど、物事を考える際の材料が増えるということです。

読書は知識を増やし、教養を深める

その材料、知識をあなたは自分の頭の中の抽斗《ひきだし》に整理しておき、必要とあらばいつでも取り出せるということも一つの強みになります。知識の多さは、発想の豊かさにつながり、想像力に発展する動力になり得るのです。アップル創業者のスティーブ・ジョブズも「創造性とは、いろいろなものをつなぐ力」と語っていますが、創造物のほとんどは、この世で全くの新しいものではありません。既にあるもの同士の組み合わせなのです。そう考えると、素材の多い方が、より多くの発想と組み合わせにつながることは明らかでしょう。読書を重ねることによって、それまで蓄えた知識が重層的となり、幅広く、深いものへと進化していきます。

その時、知識間で有機的なつながりが始まり、それまで関係ないと考えていたそれぞれの知識がつながり、直前までは別々のものと思っていたことが体系化、系列化され、あなたの中で新しい発見や、既に得ていた既存知《きそんち》を補強してくれるのです。「ああっ、そういうことか」「あっ、なるほど」「へぇえ、そんな背景があったのか」など、ある知識をきっかけにして、それまで離れた抽斗に入れられていた知識が相互に関連性を持っていたことに気が付きます。

第一章でも述べたように、ニュートンはこのことを、古人の言葉を引いて「巨人の肩に乗る」と語っていますが、巨人の肩に乗ることで知識の平野を遠く広い所まで見渡せるということです。このような経験をした時、それは快感であり、喜びでもあります。あなたも是非、このような経験を重ねて下さい。読書には、そのような楽しみもあるのです。

また、各人の精神とは何を読むかによって作られるとも言えます。その精神が、人として自由に生きるか、従属的に生きるかを分けることさえあるのです。絶えず、自分の頭で考えるということを忘れないで下さい。

読書は人の心や感情、人情の機微に対する読解力も向上させます。小説というのは実話を題材としたものであれ、作家が創り上げた架空の話であれ、登場人物とその人生が描かれています。

あなたは時に共感し、共に反応したり疑問を覚えたりしながら、作品中の人物に伴走するわけです。書き手が巧みな作品では、小説はもうただの小説ではなく、あなたを作品の中に引きずり込み、共に喜怒哀楽を味わう関係にまでしてしまいます。

そうした過程において、あなたに別の世界、別の人生、別の人間について触れさせてくれるわけです。作品によって何を感じるかはあなたの自由ですが、あなたは作品を通じて、もう一つのバーチャル・リアリティの世界に生きるという体験ができます。

そうしてその世界、人生、人物についてあなたなりの価値観と視点で追体験し、カタルシスと共に脳裏に留めることになるのです。その際、読み手によっては登場人物たちの言動を通して、人間とは何か、社会とは何か、生きるとはどういうことかを学ぶこともできます。

小説には人間関係の複雑さや曖昧さ、論理では割り切れない情理が描かれていることが多く、小説はあなたに別の人生を見せてくれるもので、限られた時間を超越した世界、社会、人間を教えてくれるのです。それが読書から得られる果実でもあります。

その果実とは、人間の本性、表層だけではない人間の情動、心の動き、多様性や複雑性などで、一つの作品を読むことは、「人間とはこういうもの」「社会とはこういうもの」というレクチャーを受けるのと同じとも言えます。その際の鍵はあなたにあることは言うまでもありません。

小説を読む過程で、社会や人を知る、多様性を身につけると共に、読解力を養えるという利点は大きなものです。多様性は人間の幅を広げてくれます。すると交際する人まで変わり、それがあなたの人生を変えることにつながる可能性もあるのです。

小説以外の本でも、知らない世界を知る、知識を増やすことは、あなたの潜在能力を向上させ、機会が訪れた時は迷わず顕在化させることができます。人生の途上で、どこにどんなチャンスがあるかは誰にもわかりません。

しかし、日頃から自分の中にある知識と能力を高めておくことで、そのチャンスを捉えることもできるのです。また、知識だけではなく、思考や発想のパターンも知ることができます。先人やその道に秀でた人の知恵を借りられるということです。

そう考えると、**紀元前の大昔から現代まで洋の東西を問わず、あなたには膨大な数の師でありアドバイザーであり手本がいる**ことになります。誰から何を学ぶかは、あなたの読書の量と質にもよりますが、本の世界の住人になれば、そんな贅沢なことが容易に実現できるのです。

しかも、授業料は驚くほど安価で、あなたの時間にも合わせてくれるなど、至れり尽くせりです。そうして、あなたはその本の著者との対話を始め、知識の他にも精神の在り方、生き方などを学べます。どうですか、凄いことだと驚きませんか？　読書とはそういうことも含んでいるのです。あなたの人生のために有効に活用して下さい。

これは一般によく言われることですが、**本くらい安い投資はありません。本に書かれてあることを自分で体験したり、調べようとしたりするなら、いったいどれくらいの時間と費用がかかるでしょうか。**そう考えると、読書がいかに貴重な営為《えいい》なのかが納得できますね。

教訓としての読書

２０２０（令和２）年初頭から発生した新型コロナウイルス感染問題では、１９４７（昭和22）年に刊行されたカミュの『ペスト』を筆頭に、過去の感染症についての書が売れました。その他にも、パンデミックに関する数多の書が書評に登場し、売れていますが、そこには、何か重大なことが起これば、人間は脊髄反射的に過去の歴史や過去の物語に学ぼうとする慣習を持つことが窺《うかが》えます。

それればかりではなく、ここが人間の持つ優れた情動の働きによるものですが、新型コロナウイルス感染症という未知の疾病が現れたことで、『ペスト』の読み手には、自身の境遇と物語を対比するという当事者性が生まれています。そのことにより、何もなかった状況下で『ペスト』を読むのとは大きく異なる、「迫真性」「リアリズム」「教訓性」「スペクタクル」などを感じたはずです。

『ペスト』の作品中で市のロックダウンが発表された時、市民は自分たちが「袋の鼠」になった、その中でなんとかやっていかねばならないことに気付いた、という趣旨の一節がありますが、この思いは現代にも通じるものと語る識者もいました。これは一つの作品が時間と空間を超えて感染症に対する人々及び社会の反応を教訓として示唆した、歴史が教訓となったとも言える例でした。

このように読書は私たち現代に生きる人々にとって、過去の歴史や先人たちの営み、歩みを伝え、教訓として使うこともできるのです。疫病や災害にかかわらず、読書はこの世界が誕生してからの歩みをあなたに教えてくれます。私もあなたも永遠の生命ではありません。

その限られた人生の中で連綿と続いてきた歴史は、あなた次第で多くの知恵を授けてくれるものにもなります。そういった意味では、古来読み継がれてきた古典と呼ばれる作品にも挑戦してみて欲しいものです。その古典の読み方、選び方については後述します。

実践！　本はこうして読もう

ここからは具体的な読書の方法について述べましょう。まずはどんな本を選ぶのか、ですが、これはあなたの興味のある分野からで構いません。今はネット書店での購入も増えていますが、実際に書店に行って本を手に取りながら選ぶのが基本です。

その理由は、実際に内容をチェックしながら選べることの他に、さまざまな書と出会えるということがあります。これが読書をする上での大きな楽しみでもあるのです。

本との出会いも人との出会いと同じく縁です。そういう意味では「一期一会」とも言えます。

本を買いに行った先で予期しなかった本との出会いがあり、読んでみると別の世界、知識との遭遇があった、というのも縁であり、読書の美点の一つです。人との出会いと同じですから、当然、相性もあります。では、あなたと本の相性については、どのように対処すべきか、私がおすすめする方法を述べてみます。改めて読書に取り組もうという人は、参考にしてみて下さい。

本を手に取ったら、「まえがき」と「あとがき」に目を通し、その本が何のために、何を目的として、どんな人が書いたのかを見ます。書こうとした動機も綴ってあるといいでしょう。それらが、あなたの求めていることにマッチしているか、あるいは違っていたとしてもあなたが関心を持てるかを、さらっと考えて下さい。

深くは考えません。深く考えるほど、迷うからです。シンプルに興味があるかどうか、読んでみたいかどうかが鍵になります。

次に「目次」ですが、ざっと目を通すほか、私は本文の内容を「検索」するのに使っています。特に興味のあるところを目次で「検索」し、その部分を読んでみるのです。既に知っている分野であれば、自分が知っていることについてどのように書いているか、説明は的確か、内容は深いか、著者の見方は偏っていないか、などをチェックします。

知らない分野ならば、著者の書き方や文章が理解できるか、読み手への配慮があるかなどを見て、著者紹介も読んでみます。読み手への配慮というのは、専門家でなければわからないことをどのように一般の人に伝えているか、その文章の表現のレベルや普通に知られている人以外の人名にルビがあるか、などで大体はわかります。

次には、同じように目次から、あるいはアトランダムにどこでも3カ所くらいを開いて読んでみます。新しい知識や物事の見方などが書かれているか、興味を持てたかなどを自分の胸奥で確かめ、いいぞとなれば、あなたとの出会いは成立です。

専門書や入門書は、最低3冊から5冊は買いたいところです。1冊だけでは偏った知識になることが少なくなりません。私は、特に主張が対立する日本の近現代史については軽く数千冊を超えるくらい読んでいますし、今も新たな本が出れば読んでいます。過去の歴史でも、非公開だった資料が公開されたり、新しい資料が見つかったりすれば従来の説が変わることもあるからです。

一つの分野について多くの書を読めば、6割7割は似たようなことや基本が書かれていて、残りがそれぞれの著者の主張というのが一般的です。たとえ専門家であろうと、正反対の主張をすることが珍しくないので、すぐに鵜呑みにしてはいけません。よくよく調べてからという精神を持って下さい。

次は古典についてです。古典と言っても日本・中国・欧米など範囲は広く、膨大な数があります。古典のよさやおもしろみは、時代が変わっても人間の内面には普遍性があるのだ、ということがわかるところです。

古典というのは必ずしもリーダビリティのよい本ではありません。現代人からすれば退屈な記述が長々と続く場面もあり、持久力のない人は挫折し、以後は古典とは離れてしまうこともあります。ですので、古典初心者であれば薄い本から始めましょう。

実際に手にした本はどう読むか

最近は、独自の品揃えにこだわる書店が増えているようです。そうした書店を何軒か知っておくのも一つの手です。書店の店員も勉強している人が多いので、特定の人を決めておくと「本のソムリエ」として相談できます。

古書店も悪くありません。古くても中身のある本が見つかります。書店では普段は読まないであろう本も手にしてみて下さい。新しい発見があるかもしれません。何よりも行動してみることです。

いよいよ手に入れた本を読み始めます。率直に言えば、本の読み方などありません。あなたが自分のペースで好きなように読めばいいだけです。量をこなしているうちに、あなた流ができてきます。

私の書評レビューでよく尋ねられることの一つに「速く読むにはどうすればいいですか？」というものがあります。常に答えは同じですが、「訓練」しかありませんということです。世の中には速読に関する本が山のようにありますが、一度、それらの本を読んで練習することは止めません。

ただ、重要なことは、本の内容がどれだけあなたの中に残るか、その本を読んで何をどう感じたか、考えたかです。冊数を重ねても何も残らない、進歩や変化がないのでは意味がありません。読書を「時間潰し」という人もいるようですが、私が本書で伝えたいことは、そういう人には何のプラスにもならないです。

読んでいて、わからないところが出てきたら飛ばします。まずは読み進めて読了することです。この時、なるべく邪魔が入らないように心がけます。わからない時、自分は頭が悪いのではないだろうか、とは考えないで下さい。世に出ている本の中には、読んで理解できない本があります。

読み進めながら、書かれてあることについて考えることが大切です。また、自分が何を感じたのか、印象に残ったことは何か、それはなぜか、新しく出会った知識は何かなど、思考を重ねることで理解が深くなります。

読書ノートを書いてみるのも有益です。同じ本を何年か経ってから読み返して、当時の読書ノートを見直すのもおもしろいでしょう。同じ本でも自分が何をどう感じたかに違いが見られるはずです。

本の使い方にルールはありません。疑問や感じたことを書き込もうと、マーカーを引こうと、破って分野毎に保存しようと自由です。未知の言葉や感動した言葉などに付箋を貼るのもいいでしょう。重要なことは、自分の頭と言葉でどう考えたのか、どのようにインプットしたのかということです。

多読の一番の弊害は、読んだ本は多くても、それらが全て著者の頭と言葉をなぞったものでしかなく、自分の頭で考えていないことです。ドイツの哲学者、ショーペンハウエルは『読書について』で、「読書は他人にものを考えてもらうことで、読者は他人の考えた過程を反復的に辿《たど》るだけ」というような意味のことを語っていますが、至言です。

加えて、多読は情報量が多く、上手に整理できなければ雑音になるだけだと注意して下さい。このような状態になる人は少なくありません。整理もできない雑多な知識は単に雑学になってしまいます。知識が有機的につながらないだけではなく、教養にもなりません。

教養にするためには、第一章で述べたように複眼的に考え、見る他に、情動の働きも含まれます。そのためにも自分の頭で考える、懐疑心を持ちながら読むという態度が必要です。

読書の時間については、細切れでもいいので、作ろうという気持ちがあれば作れます。通勤通学の往復、何かを待つ間、寝る前、起きてから、などなど、特別なことではなく、生活の一部にしてしまうことです。

他にも口語文だけでなく、文語文にも慣れておくと、日本語の格調高さ、よさがわかります。比較的わかり易い文語文の作品では、名著『戦艦大和ノ最期』(講談社)があります。

こんな読み方はいけません

山のような量の読書をしてきた私ですが、大きな失敗がありました。それは自分の思考や価値観が絶対に正しい、と信じ、その価値観に反するものは否定して、多面的に考え、見ることを怠ってきたということです。

また、仮に特論が正しいという場合でも、自分と異なる価値観について、その著者の立場に立って、「なぜ、そうなったのか」「その中で肯定できる部分はないか」など、複眼思考で考える態度に欠けていました。

その結果、自身が肯定できる知識や論理偏重となり、それを物差しに何でも白か黒かの二項対立に陥ってしまったのです。

論理、頭だけでの理解というのは単に合理的なだけで、豊かな情緒を伴った深い理解でなかったことが、私の人間性を浅いものとし、知識はあれど教養には発展せず、人としての成長にもつながりませんでした。本当に愚かなことです。

私のような愚かな失敗をしないためにも、**自分の思考や価値観に固執せず、別の視点、多様性と共に情緒を忘れず、読書することを心がけて下さい。人にだけではなく、本に対しても寛容な心を持つことが、知識を教養に変えてくれる**のです。

同じ本を読むのでも、歳月が感じ方を変えることも少なくありません。そういう意味では、本はあなたの変化を知る試金石とも言えます。私は数年前に『ジャン・クリストフ』を読み返してみましたが、クリストフの一途さについて、社会の中で独善性を発揮している人騒がせな面もある男だと苦笑しました。

それは逆に、私が服役後、すっかり我《が》を失いつつあることを示しているのかもしれない、常識人になったであろうが、一方で自分らしくないのでは、と寂しさも感じたものです。中学生の頃や社会にいたあの頃のように、「世界は俺のものだ！」「世間など気にかけず、強引にでも我が道を貫く！」という熱い心がなくなり、静かな情熱に変わったことは悪いことではないものの、複雑な思いです。

そうであっても、クリストフの純粋さ、一途さ、損得など毛ほども考えていないところなどは、この年齢になっても好感を抱いていることに変わりはありません。一回きりの人生ゆえに、このように生きていきたいものです。

第一章と同じく、本を読むことのさまざまな効用を述べてきましたが、私が読書をする動機は、結局は、「知らないことを知る楽しさ、おもしろさ」に尽きます。理屈も何もないのです。この世にはまだまだ私の知らないことが星の数ほどあるので、この楽しさ、おもしろさは死ぬまで続きます。

ロシアの劇作家チェーホフは、「書物の新しいページを1ページ、1ページ読むごとに、私はより豊かに、より強く、より高くなっていく」と語りました。あなたにも、そんな楽しさ、おもしろさ、豊かさ、強さ、高さを是非知って欲しいです！　どうか読書を楽しんで下さい!!

「読書」を知る座右の言葉

読書とは先人やその道に秀でた人との対話だ。膨大な数の師やアドバイザーから大いに知恵を借り、有効活用せよ！

「読書」の本棚

『ジャン・クリストフ』ロマン・ローラン／豊島与志雄 訳（岩波文庫）

若き音楽家のジャン・クリストフが、大いなる志を胸に、数々の障害や世間の空気に負けることなく、縦横無尽に行動します。その強さ、前向きな精神、一途さに、中学生だった私は惹かれました。俺も自分にしかなり得ないなにものかになるのだ！　と熱く血を滾らせたことを昨日のことのように感じます。また、クリストフの友に対する誠実な心、温かな情もこの作品の魅力の一つです。４分冊と長いものの、長さをさほど感じさせない好著です!!

『戦略読書〔増補版〕』三谷《みたに》宏治《こうじ》（日経ビジネス人文庫）

社会人になった若者が、どのような手順で読書すべきかを具体的に説いている良書です。一つの分野に偏らず広い分野の本を読む、学歴がなくても本の知識を集めることでどうにでもなる、などは、私が常々、感じていることと同じでした。また、仕事について紹介している本も共感できるものが多いので、一読してみて下さい。

『定年後に読みたい文庫100冊』勢古浩爾《こうじ》（草思社文庫）

著者は一級の選書眼を持つ人です。その人が定年後に読みたい文庫を紹介しています。著者が読書に求めるのは、「おもしろいこと」です。本書にはそのような文庫が並んでいました。年齢を問わず、「おもしろい」と感じてもらえるはずです。

『橋をかける』美智子（文春文庫）

美智子皇后陛下（当時）が、1998（平成10）年、インドのニューデリーで開かれた「国際児童図書評議会」で講演した際の「おことば」がベースです。本を読むとはどういうことか、素晴らしい感性が随所に表れています。是非、一読下さい!!

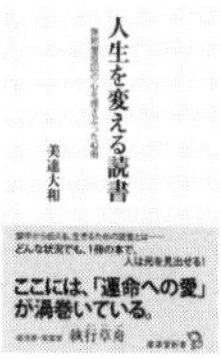

『人生を変える読書』美達大和（廣済堂新書）

拙著で恐縮ですが、生きる上で何らかの教訓、知識、示唆を与えてくれる書、感動させてくれる書を選んでいます。あなたの人生で役に立つであろう一冊がきっとあるはずです。

第五章

なんでコミュニケーションが大切なのか

コミュニケーションとは人間の本能である

あなたはコミュニケーションについて考えたことがありますか？

私たちホモ・サピエンスは、約700万年の進化の間に、コミュニケーション能力を飛躍的に発達させてきました。ホモ・サピエンスとは「知恵のある人」のことですが、その通りに知恵を働かせて今日のレベルにまで進化したのです。

大きな視点で考えると、私たちが無意識に生活している高度な文明の発達の原動力は、コミュニケーション能力の進化でした。どこかの地域で使われていた知恵や技術を他の地域に広める、あるいは独自に思考を重ねて新しい技術を創る、などの営みは、全て言葉を介して行われてきたのです。

小さな視点で考えると、人間同士が互いの間で意思のやり取りが自由にできたこと

が、**現代の高度な社会に発展した基礎**となりましたが、そのやり取りがコミュニケーションであり、これが上手かそうでないかがコミュニケーション能力です。

コミュニケーション自体は誰もが赤ん坊の頃からやっていることでした。「具合が悪い」「ミルクが欲しい」「おむつを替えて」など、赤ん坊は泣いて知らせます。親はそれを見て、時間や状況、泣き方などから総合的に検討し、具合が悪いのかミルクかおむつか、それともそれ以外なのかを考えて対処します。

もし、赤ん坊が最初から言葉を理解して使えたとしたら、何が望みなのかを的確に伝えられますが、そうではないので親や世話をする人の経験知が言葉の欠如を補っているのです。これがコミュニケーションの最も原始的な型ですが、その目的については熟練したプレゼンテーション同様に、「自分の意思を他者に伝える」ものになっています。

赤ん坊は生まれてから、誰かに「何かあったら知らせなさい」と教えられたわけではありません。そうであっても、我が身の異状や、小さな体が感じる異変を他者に伝えます。いわば本能であり、コミュニケーションとは習わずとも身につけているものとも言えます。

この赤ん坊の原始的なコミュニケーションは完全なものではありません。なぜならば、自分の意思を一方的に伝えるだけのものだからです。他者の事情や意思など微塵も配慮や忖度《そんたく》することなく、ひたすら自己の意思だけを伝える型になっています。

赤ん坊がコミュニケーションする時の他者が、自分のことをよく知る親や、それに準ずる人であるから一方的であっても意思が通じ、目的を果たせるのです。しかし、その赤ん坊も成長と共に次は「他者の意思を受け取る」というコミュニケーション能力を発達させます。この場合の「受け取る」というのは、単に受け取るだけで、その内容について考え、対応するのはもっと先のことになります。

これで赤ん坊は、自分の意思を伝える、他者の意思を受け取るという、「発信」と「受信」の二つの方法を身につけたことになるわけです。

ここから先は、いよいよ、他者から受け取った意思の内容について考え、対応する段階に入りますが、その方法や能力が身につく時間には個人差が出てきます。それも決して小さくはない個人差です。

コミュニケーションは、あなたの情動の栄養剤!?

それともう一点、それらを身につけるための「絶対的条件」があります。それは誰であれ、他者とのコミュニケーションがなければならないということです。歴史上にはこのことを証明できるエピソードがありました。まず一つは、神聖ローマ帝国のフリードリッヒ2世が、養育者が赤ん坊に言葉を発することなく育てるとどうなるのか試してみたのです。

実験台にされてしまった可哀想な赤ん坊は、一人ではなく数十人という数でした。授乳やおむつの交換などの世話をする人は、一言も喋ってはいけない、赤ん坊に声を掛けてはいけないと指示され、忠実に守って育てました。結果は悲惨なものでした。

赤ん坊たちは通常ならば言葉を話す年頃になっても話すことができず、感情の起伏も消え、何の反応もしない人間になった後に亡くなってしまいました（註：言葉を話す前に亡くなったなど諸説あり）。

もう一つは、1797年頃に南フランスのラコーヌの森で発見された推定10歳前後の男の子の例です。彼は幼児期に捨てられたとされ、イタールという医師が世話をすることになりました。ヴィクトールと命名され、5〜6年間にわたって教育されましたが、言葉を覚えることもなく、人間の文化も身につけられませんでした。

1828年に亡くなりましたが、彼の記録は『アヴェロンの野生児』として、書籍化されています。人間として生まれても、育つ時の環境によっては人間になり得ないのです。

以上、二つのエピソードを紹介しましたが、このことから何がわかるでしょうか？

一つ目には、コミュニケーションの基礎、原料と言える言葉を習得するには、人間の中で育つことと他者からの話し掛けが不可欠ということです。

二つ目には、言葉を習得するにはその音を理解して再生できなければなりませんが、人間の脳には、その仕組みや構造が幼少期に形成されなければならないという「臨界期」があることがわかります。

三つ目には、人間の豊かな感情は、人間の間でコミュニケーションしながら育たねば形成されない、他者がいる環境が欠かせないということでした。つまり、コミュニケーションがなければ、あなたが感じる喜怒哀楽や、何かに感動する感受性、美しさを感じる感性などが育たないということです。

いわば、**コミュニケーションは、あなたの情動や感性を育てる栄養剤**とも言えます。

それを物語るものとして、出生後から幼児期まで、親はできるだけ話し掛けなさい、という子育てが奨励されてきました。言葉をシャワーのように浴びさせることで、発話努力や言葉を覚える能力だけではなく、知能の発達を促し、感情や感性が豊かになるという情操面でも大きな効果があることが証明されています。

あなたを成長させるコミュニケーション能力

コミュニケーションの役割には前述のように、「自分の意思を伝える」「他者の意思を受け取る」が基本ですが、この先が人それぞれのコミュニケーション能力によって大きな差がつくところであり、これがあなたの人生の質を決めると言っても過言ではないほど、生きる上では重要です。

その先とは、受け取った他者の意思について考え、対応するということです。その反応、あなたの他者への意思表示の内容や、表示の仕方、態度がコミュニケーション能力となります。このコミュニケーション能力によっては、あなたは快適にもなり、不快にもなるほか、自分の思いや存在を他者に承認させられず、無視され、軽んじられる原因にもなるのです。あなたは他に誰もいない場所で生きるのではありません。

大なり小なり他者と接していくことが人生の一部、この一部は人によっては大部分になるかもしれないのです。他者と接する際は常に緊張を伴い、自分の予期していたものとは異なる関係になるのか、ぎくしゃくした関係になるのか、それとも円滑な関係になるのかは、あなたのコミュニケーション能力にかかってくるのです。

えっ⁉　相手のコミュニケーション能力も関係するだろうって？　もちろんゼロとは言いませんが、仮に相手のコミュニケーション能力が、ネアンデルタール人や赤ん坊レベルであっても、あなたのコミュニケーション能力が高ければ、大きな支障はありません。このことは非常に重要なので、強く胸に銘記しておいて下さい。

卓越したコミュニケーション能力を持つということは、相手がどうあれ、あなたが左右されたり、振り回されたりせず、「あなたがあなたでいられる」強みになるのです。

言い換えれば、コミュニケーション能力とは、社会という大海を航海するあなたの船の、航海技術とも言えます。この技術を磨けば座礁はなくなります。

社会で生きるということは、他者と共に生きるということに他なりません。他者へのあなたの接し方が、あなたの快・不快や、意思が実現するか否かに深くかかわってきます。

その人間関係を導くものがコミュニケーションであり、その巧拙が鍵となるのです。それが学校であれ、会社であれ、地域社会であれ、上手なコミュニケーションで有意義にすごした方がいいでしょう。あなたの意思を伝えるのでも、相手の意思を伝えられるのでも、コミュニケーションの力が大いに問われます。

人には、それぞれの性格や価値観があります。日本だけでも約1億2500万人の人がいますから、コミュニケーション能力を磨かずとも、あなたと相性の合う人と遭遇できるかもしれません。しかし、あなたにコミュニケーション能力が備わっていれば、比較にならないくらい多くの人とよい関係を築けるのです。

社会関係資本《ソーシャルキャピタル》としてのコミュニケーション能力

第五章

なんでコミュニケーションが大切なのか

あなたは、社会関係資本という言葉を耳にしたことはありませんか？

さまざまな説明がありますが、要はあなたを取り囲む人間関係、家族や友人、知人たちのことです。近年は、この社会関係資本が重視されるようになってきており、あなたを包む人的ネットワークは軽視できません。

互いに補完し、協力し合い、あなたの喜びを倍にしたり、悲しみを半分にしたりすることも可能です。私生活や仕事を問わず、未知の情報をもたらしてくれるのも、この社会関係資本なのです。私のいる長期刑務所の受刑者のほとんどが、この社会関係資本を持っていません。

手紙をやり取りする人も、本やパンフレット類を送ってくれる人もなく、社会では「孤立」している人たちです。それ自体は積年の悪い行いの結果であり、自業自得としか言いようがありませんが、彼らは社会に出ても住む所もなく、手を貸してくれる人もいないため、短絡的に犯罪に走り、また塀の中に戻ることになります。

しかし、ここで悲しく残念なことは、それが出所する前からわかっている、予定調和的なことだという現実です。もし、彼らにまともに生きている人たちのような社会関係資本があれば、別の道もあったかもしれません。社会関係資本とは、それほど大事なものなのです。

あなたのコミュニケーション能力が向上すれば、相手がどんな人間性の持ち主か、今よりわかるようになります。**人間関係は目先の損得ではありません。互いに心が通じるか、理解できる部分があるかどうかです。**

また、あなたの社会関係資本の質と量も向上します。それは、あなたに楽しさや幸福感をも、もたらしてくれるでしょう。

互いを認め合い、共に協力や成長を望める関係となれば、あなたの人生の充実感も増し、生き甲斐にも通じる可能性も高くなります。それは、あなただけではなく、相手にも有益なことなのです。コミュニケーションにはそのような意義があり、どうせ生きるならばコミュニケーション能力を向上させるべく取り組んで下さい！

コミュニケーション能力は魔術にもなる!?

あなたは子どもの頃から今に至る他者との付き合いの中で「もっと自分の意思が通せたらいいのになあ」「あの人と仲良くなれたらなあ」などと考えたことはありませんか？

子どもの頃なら、それが超能力でできたらいいのにな、と想像したことがある人もいるかもしれないですね。私は61年生きてきましたが、今のところ超能力を使える人と会ったことはありませんし、その気もないので使えません。

ですが、他者に対して自分の意思を伝え、それに沿って動いてもらうということでは、あなたより多くの経験知を持っています。顧みると、他者に自分の希望や意思を伝え、その方向で行動してもらうということは一種の魔術かもしれません。

ただし、魔術といえども、鶏や羊の血は必要とせず、怪しげな儀式はないのです。ただ、効果だけはあります。加えて悪用ではなく、善用がルールです。その魔術、あなたもマスターしてください。優れたコミュニケーション能力を身につけるということです。

心配することはありません。この魔術は、その気になって身につけようとすれば身につきます。いつも無意識にしているコミュニケーションを、それぞれ時・場所・状況に応じて目的を与え、互いのコミュニケーションをより円滑にすることを意識してひたすら本番兼練習をすればいいだけです。

習得するのに早い遅いはあっても、諦めずに続ければ身につけられます。もっとも、これまでも他者に配慮して生活してきた人ならば、新しく身につけることは多くありません。ただ、配慮と遠慮は違います。能動的に「言わない」のと、「言えない」のとは違うと知って下さい。

それと**コミュニケーション能力は、あなたの人間性や知能とも関係ありません**。技術なのです。練習すれば上達する性質のものです。口下手とか人見知りも一切関係ありません。世の中に本当は無口で人見知りする役者や漫才師、営業員がごまんといる事実を知ればわかります。性格は変わらなくても、考え方をちょっと変えて、ノウハウを練習すればいいだけのことです。

このノウハウを身につけよ！

あなたはコミュニケーションが何から構成されているか考えたことがありますか？難しく考えてはいけません。構成する要素は「聞く」「話す」です。簡単過ぎますか。厳密に言うと、障害を抱えた人もいるので、「見る」「読む」「書く」も含まれますが、基本は「聞く」「話す」なので、これに沿って説明していきます。

「聞く」「話す」では、互いの情報や考えと、感情を交換します。感情には印象、イメージも含まれます。初めに練習するのは「聞く」ことです。この聞き方一つで、相手との会話の内容と質が大きく変わり、あなたと相手の関係も変わります。

えっ⁉　いつも、相手の話は聞いているって？　それはいいことですが、どんな聞き方をしているかがポイントです。コミュニケーションの上手な人は話し上手より聞き上手とされるほど、相手の話を聞くことは、コミュニケーション能力の差が出ます。

まずは心構えからです。あなたは相手の全てを知ろう、覚えよう、相手の立場になってみようという心構えに徹します。この時、想像力をフルに活用して下さい。

何を話すかは相手次第ですが、初対面の相手なら、相手の仕事や趣味、特技、いま最も気に入っていること（物）、旅行、ファッション、食、その時々のニュースなどで間に合います。この時は、相手の口にした話題があなたの知らないことであってもいいのです。

第一の目的は相手に話をさせることにあります。もし、あなたの知らない話題ならば、新しいことを知るチャンスと喜んで下さい。実際チャンスなのですから。

あなたは、相手の話を聞きながら、相手の立場になってみて、そこから質問をするのです。相手の回答があれば相槌を打ち、その回答に沿ってまた質問をします。その時、相手の口調、声、表情、身振り手振り、言葉遣いなどに注目して下さい。

初めよりも積極的、意欲的な様子が窺えれば、その話題はよいということです。逆に最初と変わらず、言葉が途切れるのであれば、相手はそれほど好んでいる話題ではなかったが、あなたに尋ねられたので何かを言わねば、と気を使ってくれたか、または好きな話題であっても、生来の性格によってそのような反応をしているかもしれません。

あなたが質問を続けながら、相手の口数が減っていく、視線を合わす回数や時間が減っていると感じれば、話題を変えてみるのも手です。相手が口数の少ない人であれば、あなたが一方的にならないように注意しながらいくつかの話題を振って、相手の反応がある話題で話します。話が続く中で、常に相手のことを中心とする心構えは崩さず、反応をよく見ていきます。

私は塀の中で他者と話す際、自分のことは訊かれない限りは話しませんし、話す時も最低限で相手の話題に戻ります。初対面の場では、相手の仕事、趣味、特技、仕事以外の時は何をしているのか、気に入っていることは何か、から始めます。

親しくなるにつれ、家族や過去のことも尋ねるものの、受刑者なので大した過去はなく、これも相手が望まないようなら、すぐに話題を変えます。

たとえば仕事ならば自分が新入社員になったつもりで、どんな内容か、商品（製品）の特徴、その仕事を選んだきっかけや動機、おもしろさ、難しさ、仕事をしていて嬉しいことや辛いこと、新入りとベテランの差、技術やスキルの向上ではどんな点に気を付けるか、などなどいくらでも質問が浮かびますし、相手の回答についても質問が出てきます。

こうしていると、相手の表情、態度、口調で「好きなものや得意なこと」などが伝わってくるのです。相手が自分と話して楽しくなること、また私と話したいと感じることを目的として話しているので、「積極的傾聴《アクティブ・リスニング》（聞き役）」に徹することは少しも苦痛ではありませんし、相手の楽しそうな様子を見ると私も喜びを感じます。

この「積極的傾聴」とは、ただ受け身で聞くのではなく、適正な相槌と質問、同意や共感、肯定、笑いなどで相手の口数を多くし、自分との関係に潤滑油を注ぐような聞き方です。毎回、単調な相槌、気のない同調では相手にそれが伝わってしまうこともあります。

私は話がおもしろくない、つまらないのは相手だけの問題ではなく、自分の聞き方も下手なのだと考えているので、相手の性格や話のツボを早く発見して相手が話し易くするのです。それがコミュニケーション能力を磨くことにつながります。

相槌にしても「ええっ！」「へえぇ」「ほおぉ」「そりゃ、凄い」「そりゃ、珍しい」「みんな、そんな感じ？」「嬉しかったね」「大変だぁ」「苦しかったね」「己に勝ったってわけだ」「で、その時は何を感じたの？」「そこをもっと詳しく教えて」「具体的には？」というような相槌です。

こうしているうちに、私の中では相手の話の内容が形になってきます。当然、話したことは記憶するのです。誰であろうと、自分の話を聞いてくれる相手がいれば嬉しいものですし、いやな感じはしません。

表情と態度を和らげて真剣に聞く、ということは誠実さとも大いに関係しているのです。決して表面だけ、うまく合わせた振りをしてはいけません。そういうことを繰り返していると己の精神が荒《すさ》んでくることを自覚しておいて下さい。

聞く際には相手の目を見ますが、睨《にら》むような感じになってはいけません。聞いた話を土台に、相手のことを知る、できるだけ相手の人物像をイメージするということを心がけて、形だけの聞き方や態度にならないようにしましょう。

相手と話している時には、なるべく話すテンポ、表情を合わせます。これを技術的、心理学的に「ミラーリング」と言いますが、相手と波調を合わせるために効果的です。

私がこの効果を顕著に感じたのはセールスをしている時でした。相手と同じ仕種をし、行動や体の動きを同調《シンクロ》させていると、互いの心が通じるような空気を感じます。

心理学用語では「ラポール」とも言いますが、このようになると、私が話をしても真剣に聞いてくれるだけではなく、心にも通じるのでした。ラポールがない状態ではプレゼンテーションを始めない、というくらい私は意識していたものです。

ミラーリングでわかり易い例は、外車販売において店頭で私が社員にセールスを実践して見せた時です。やることは簡単でした。興味を持っている車に対して、お客さんがやっていることを、私も真似していればいいのです。

ボンネットを上から押しているなら、私も押します。中腰になってボディの凹みなどをチェックしていれば、私も一緒に中腰でチェックします。会話はお客さんが話し掛けてくるまでありません。そのうち視線が合うので軽く、微笑むだけです。

話し掛けてきたら、短く答えます。決してあれこれ喋ってはいけないのです。その後、試乗してもらいますが、私は訊かれたことに答えるだけで、あとはゆったりした気持ちで同乗しているだけです。

ミラーリングは、お客さんとの距離を縮めるのに効果的でした。熟練してくると呼吸まで合うのです。こうなるには本番兼練習を重ねるしかありません。あなたに心がけて欲しいことは、すぐにうまくいくとは考えず、根気強く続けるということです。多くの人はすぐに結果を求め、うまくいかなければすぐにやめてしまいます。

物事を始めたら1、2年は続けるという気持ちを持って下さい。**コミュニケーション能力は、性格や知能ではなく、考え方と訓練、練習によって上達する**のです!!

聞き方はわかったとして、やってはならないことについて述べておきます。積極的に聞くということは、相手の話を否定したり批判したりしないことです。肯定的に「そうですね」「そうかあ」「なるほど」という言葉で受け止めます。「そうなんだ」「わかる、わかる」でもいいので、「あなたの話をちゃんと聞いています」という態度を忘れないで下さい。

どうしても違うと感じた時は「違うよ」と言わず、「どうしてそう思うの?」という聞き方でその理由を尋ね、「そうなんだ、いろんな考え方があるね」という方向でまとめます。ただし、互いに議論が前提ならば、この限りではありません。

聞くことで重要なのは「共感」です。相手の話を聞きながら、表面だけの相槌ではなく、話の内容を考えて共感します。中には共感できない話もあるでしょうが、その時は決めつけて排除するのではなく、なぜそうしたのか、どんな気持ちだったのかを尋ねます。

決めつけて排除せず、おもしろがろう！

私は「失敗大魔王」だったので、その痛い経験も踏まえて声を大にして言いましょう。「決して自分の価値観のみで他者を決めつけて排除してはいけません！」と。以前の私は自分が正しいことを疑わずに、自身の価値観で、すぐに他者を心の中から排除していました。

服役後に己の狭量さ、独善性を痛感して改善しようとしていたときに聞いた、社会で私を支援してくれているKさんの言葉が「**人を裁かない**」でした。Kさんは「誰もが人を裁けるほどの人間じゃない」とも教えてくれたのです。Kさんはたいへんに寛大な心の持ち主で、物事について一元的な判断をせず、複眼的に考えられる人でした。私にとってKさんはよき手本となりました。以来、私はともすれば他者の非を裁いて己の心の内から排除せよ、となる時に「待て待て、おまえは何ほどのものなのだ。判断するな、裁くな、排除するな」と戒め、その相手について別の視点からも見られるようになったのでした。

このことは私にとって、人間的成長という意味で途轍《とてつ》もなく大きな財産になりました。人間としての幅が広がって塀の中の生活を無にすることがなくなり、一層の精進を、という心につながっています。そんなわけで、あなたも是非、これを実践して下さい！

排除しなくなったおかげで人の好き嫌いもなくなり、以前なら話をしたくないと感じる人とでも楽しく話ができるようになり、上手な聞き役になりました。短絡的な白か黒かの二項対立思考は、精神が成熟していない証左でもあります。あなたはこのことを自戒し、心の大きく温かな、徳のある人になって下さい。

話を聞くというのは、あなたの周囲を見渡してみれば気付くように、形は聞いているようでも聞いておらず、聞き流していることが少なくありません。あなたが何か言うと、私も、とすぐ自分の話に転換する人を知っているのではないでしょうか。

常に自分が話題の中心、主役でないと気がすまない人は多いものですが、他者への配慮や思慮に欠け、精神の成熟度も低い人です。しかし、あなたはその人を否定して、嫌ってはいけません。その人は天があなたのコミュニケーション能力向上のために配剤してくれた人なのです。

あなたは感情的にならず、コミュニケーション能力と寛容の精神の向上に努めて下さい。そういう人は必要以上に親しくなる必要はありませんが、いつでも互いに挨拶できる関係にしておくことです。

それでも相手の話ばかり長く聞かされて苦痛という時があるでしょうが、そういう時のために私の技を教えましょう。これさえ身につければ、あなたのコミュニケーション能力はグーンとアップします。

その技とは、相手に質問をして、あなたの聞きたい方向へと誘導することです。相手の話題、その話題にかかわることを次々に質問していきます。この時の相槌は「へえ、そうなんだ、それでどうなるの?」「それ、知りたい」など、あなたの質問に対する答えを促すようにするのです。

これを練習して上達すれば、あなたには新しい情報を増やし、相手の一方的な会話にもならず、かつ相手は自分のことを話したという思いにもなるのです。相手が、またあなたと話がしたいという様子なら合格点と言えます。

同時に、先に触れた、**人を裁かない、嫌わない訓練もして下さい。人としての幅を広げ、あなたを大きく成長させる栄養剤になります**。えっ? それはわかるけれど嫌いな人、不快な人には寛大になれないって? よろしいでしょう。この私、狭量な「白黒大魔王」だった美達さんが、他者への寛大な精神を手に入れた秘訣を特別にお伝えします。

振り返ると、私の「白黒大魔王」ぶりは並のものではありませんでした。社会では何事にも本音と建前があることは知っていますね。しかし私は、本音はいいが、建前は本心とは違うのだから嘘である、嘘はいけないと信じて疑いませんでした。

そういう考えでしたから、私は嫌いな人には、「俺はおまえが嫌いだ」と正面から堂々と告げていたのです。今なら、「あちゃあっ、バカじゃないの」と呆れますが、相手がどんな人であれ、いやな奴はいや、と告げることは正直である、と疑いもしなかったのです。

逆に、この人はいいな、好きだなとなれば、男女を問わず、それもストレートの直球ど真ん中で告げてきました。このように人間の器量が小さかったので、好き嫌いが激しく、嫌いな人も多かったのです。

ところが、服役後は私の価値観から外れる人ばかりで、嫌いな人間だらけになったのです。私は己に非がないので、そのことについて特に考えもしませんでした。今も真面目さ、誠実さ、勤勉さ、他者への配慮などの面から受刑者を見れば、外れる人ばかりですが、それでは自分の人としての器量や幅が広がらない、何のために刑を務めているのかと考えた時、これではいかんとなったのです。

そうは言っても何十年もいやなものはいや、として生きてきたので、他者を嫌う心は容易に変わりそうにありませんでした。そんな時に、ある組織の組長と同じ部屋になったのです。私より10歳ほど年長のSさんは、組同士の抗争事件で対立組織の組員を自ら射殺して務めていました。

Sさんとは、数年前に他の工場でも一緒だった時がありました。向こうはその工場のヤクザの中の長老的存在、私は工場中のヤクザを敵に回していて、毎日、反目し合っていました。

私が彼らの流儀に従わなかったからですが、そのうちにSさんが見かねて、仲裁に入ってきました。普通はSさんの顔を立てて、どうもと頭の一つも下げて手打ちにするところ、私は自分でやりますからと断ったのです。

弱い奴は何十人集まっても弱い、という思いから、精神的に私が彼らを脅すような状況でしたので、和解する気は毛頭ありません。その後、互いに事故（トラブル、懲罰のこと）になり、別々の工場に移ったのですが、私は次の工場でも事故になり、移った工場にまたSさんがいて、同じ部屋になったのでした。

Sさんは温厚な空気を纏《まと》った人で、柔らかな印象を持つ組長だったのですが、同じ部屋で生活すると、他の人は気付きませんが、この人は心の内では人の好き嫌いがはっきりした短気な人でもある、とわかりました。

工場に二人だけでいる時にそのことを告げると、Sさんは、「よくわかったねえ、実はそうなんだ。そうか、美達さんにはばれたか、俺もまだまだ修行が足らんな」と笑っていたのです。私はすぐに尋ねてみました。

短気で人の好き嫌いも激しいのに、なぜ、日頃から寛大で温厚でいられるのかと。いやな人にどうしてあのように柔和に接することができるのかと。部屋には行儀の悪い人がいて、私などはびしっと注意しますが、Sさんは半ば冗談めかして笑いながら注意していたからです。

するとSさんは「美達さん。俺もこの気性だから苦労したよ。だけど、自分のためにも、そんな器量じゃいかんと思ってね。そこで、いやな奴、おかしな奴をいやだ、おかしいと思わずにおもしろがることにしたんだ」と語ったのです。

「おもしろがるってのは、具体的には？」と私が問うと、Sさんは言葉を続けました。

「うん、なんでこいつはこんな人間になったんだろうか、どんな育ち方をしたんだろうかってね。自分とは違うことをおもしろがるようにしてみると、見方も変わるよ」

以来、私はそのように考えることにしたのです。さらにおもしろがる以上は腹の中でバカにせず、相手の生い立ちなども尋ねてみようと決めました。そればかりではなく、すぐに反応するのは人としての底の浅さであるから改めようとも考えたのです。

この浅さについては、たとえば水を張った底の浅いフライパンに石を入れると瞬時にカツンと音を立てます。すぐに反応するということです。しかし、深い池に石を投げ入れると底に沈んだ時の音は聞こえません。人間も同じで、石を投げ入れられることがあっても、つまり何かあっても、深みのある人間はすぐには反応しませんし、左右されないのです。

そんなことを考えて、何年か経つと、非常識な人の集まりである施設の受刑者と話をしても、不快とかいやな奴と感じることはなくなりました。変わった奴だ、おもしろいな、どうしてこうなったんだ？　といろいろ質問するのが楽しみになったほどで、話も弾むせいか、いやな人がいなくなってしまいました。あなたも実践してみて下さい。己の底を深くするのだと考えながら。

細かいテクニックを身につけよう

こうして聞く姿勢と、相手に対してあなたを全面的に受容しますという心構えと行動が揃ったら、次は細かいテクニックを覚えます。あなたの気性とは関係なく、これはテクニックですから、できるできないではありません、できます！

さてあなたは質問をすることを知りました。その質問は、「オープン・クエスチョン」にして下さい。

オープン・クエスチョンとは「はい・いいえ」という短い回答ではなく、相手が自由な発想で答えられる質問のことです。逆が「クローズド・クエスチョン」で、前述のように「はい・いいえ」などの限定された答えになる質問です。

たとえば、「アイスクリームは好きですか、嫌いですか？」と訊けば、「好きです（嫌いです）」で終わります。「どんなアイスクリームが好きですか、その理由も教えて下さい」なら、相手の答えには、その人の思いや好みが反映されることになるでしょう。仮に、クローズド・クエスチョンで質問するなら、それをどんどん掘り下げていくというやり方もあります。

そうした質問を重ねるのと併せて、相手が何を最も伝えたいのかを捉えることも重要です。それがわかれば、その点について話を掘り下げることができます。話す速さは相手と同じくらいにしますが、口数の少ない人、ゆっくり喋る人に対しては、あなたの方がやや速めに話すのがいいでしょう。

相手の話している時の仕種にも気持ちが表れます。体があなたの方に向いていない（初めからそのように座った時は別として）、腕組みをする、執拗に何かを触る、度々時計を見る、髪の毛や顔を触るなど、話に集中していない様子であれば、質問や話題を変えてみて下さい。

また、話には集中していても、話し下手な人にはそのような傾向が見られることもあります。その見極めは、場数をこなしていく間にわかるようになるでしょう。

世の中には残念ながら、あなたがいくら努力しても通じない人、わかり合えない人がいるものです。そんな時、自分の努力が足りなかったなどとがっかりしないで下さい。**全ての人とわかり合えるなんてことはありません。むしろ、本当にわかり合える人は稀なのです。**

だから、あなたも自分のことをわかってもらえない、などと考えないで下さい。自分のことをわかってくれない、というのは一種の甘えでもあります。わからなくてもいい、わかり合えなくても仕方がない、と考えることです。

人はそれぞれ性格も育ちも違う以上、違っていて当然であり、自分の思い通りにな

どならないことを前提にしておいて下さい。金子《かねこ》みすゞの詩ではありませんが、「みんなちがって、みんないい」なのです。このことを忘れずにコミュニケーション能力を磨いて下さい。

どのように話すのか

話す際の最大の注意は、「話し過ぎない」ことです。自分の話は全体のバランスを考え、相手よりいく分少なめに話します。それでも相手はあなたの方がよく喋ると感じるのが普通です。

自分だけの話をしないで、相手も参加できる、なるべく共通の話題を選びます。基本はキャッチボールです。あなたが話した後は相手が話します。相手のコミュニケーション能力が高ければ、あなたの話題を広げてくれるでしょうし、そうでなかった場合は別の話題になるかもしれません。そんな時は自分の話題に固執しないで下さい。

どんな状況になっても楽しく話ができる人を目指すのです。従って、すぐに感情的にならないで、不快な時もおもしろがることを心がけて下さい。

万一、どうしても相手に否定的なことを言わなければならない時には、特に柔和な表情で、穏やかな口調で告げます。対話では、どんな時も表情、心共に頑なになってはいけません。

繰り返しますが、コミュニケーション能力は知能や性格とは関係ありません。あなたの「やる気」と「場数」でどうにでもなることを忘れずに。応援しています!!

「コミュニケーション」を知る座右の言葉

恐れることなくどんどん人の中に入って
自己の世界を広げよう！
他者を喜ばせることを考え、
批判するよりおもしろさを見つけるのだ！

「コミュニケーション」の本棚

『コミュニケイションのレッスン』鴻《こう》上《かみ》尚《しょう》史《じ》（だいわ文庫）

演出家・劇作家・作家である著者は第一級の「人間通」です。本書は、コミュニケーション能力を才能や性格ではない技術としている点で、私と全く同じ捉え方でした。本書では紙数の関係で説明できなかった「社会と世間」の関係や「交渉」についても述べられています。コミュニケーションに特化した一冊なので応用の範囲も広いです。

『聞く力』阿《あ》川《がわ》佐《さ》和《わ》子《こ》（文春新書）

著者は週刊誌上で長く対談コラムを担当していますが、誰が相手でもすぐに距離を縮め、相手のツボを押さえてしまう名人です。話の呼吸、問いの出し方とリアクション、親密さをコントロールする間合いなどのコツを学んで下さい。

『底の底まで「相手の心」がわかる本』樺《かんば》旦純《わたる》（大和書房）

相手の仕種や表情などから、建前に隠された本音を読み取るポイントが述べられています。建前を前提にするミスを避けるためにも読んでおきたい書です。

『人を動かす 完全版』D・カーネギー／東条健一 訳（新潮社）

世界的大ベストセラーです。人間関係の原則と対処法が具体的なエピソードと共に述べられています。時代を経ても、人間の基本的な性質は変わらないことがわかります。一度は読むべき書です。

『影響力の武器［第三版］』ロバート・B・チャルディーニ／社会行動研究会 訳（誠信書房）

コミュニケーション能力の高度なレベルである交渉術についての名著です。この分野の書では「古典」とも呼べるかもしれませんが、内容は濃密でぎっしりと詰まっています。是非、座右に置いて長く熟読して下さい！

第六章 なんで生きるのか

「生きる」とは

「生きる」ということについて、あなたは考えたことがありますか？

初めに「失敗大魔王」の私の「生きる」についてお話ししましょう。私は繰り返し述べているように、中学生の頃『ジャン・クリストフ』を読んでから、「自分にしかなり得ないなにものかになる」という青雲の志を立てました。その「なにものか」は「なにを通してなるのか、どうやってなるのか」、まだ曖昧模糊《あいまいもこ》とした志でしたが、断固たる決意だけはあったのです。

セールスから金融業、不動産業、外車販売業をやりました。私は社会に出る時に、自分の人生の計画表を作っています。

何歳で結婚し、起業などをし、会社の規模はこのくらいに、など、数値を含めたポイントを書きました。私は父が35歳の時の子どもで、今とは違って当時では遅い年齢での誕生でした。そのため、父、私、そして息子の三代で酒を呑むにはなるべく早く子どもをと考え、計画表通りに20歳で結婚、21歳で息子が誕生しています。

他の設計では、主に会社の事業規模などについて計画表より早いペースで達成していたのです。しかし、自分の厄介な思考・信条のために事件を起こし、塀の中の住人となってしまいました。どこでどうしてこうなったのか、再三再四、省察を重ねてきました。

そこで、はたと気付いたのです。自分の人生の目標や計画には外形的なもの、世俗的なものはあっても、内面がどんな人間になるべきか、というビジョンが全く欠けていました。

外形や業績などの数字は負っていても、どのような中身の人間になるのか、精神の成長や人格の陶冶は、すっぽりと抜け落ちていたのです。

なぜ、こうなってしまったのかと言えば、何でも圧倒的な1番だったので、人間としてはこれでいいのだ、このまま年を重ねれば俺にしかなり得ない人間になれるのだから、他のことは不要だ、という思い上がり、勘違い、無知、硬直性がありました。

人としてどんな人になるのか、人格を磨くということに対して実力、能力を磨けばそんなものは二の次になるとか、人格も自ずと磨かれるだろうという独善的な思いがあったことは否定できません。何とも愚かなことでした。

あなたには、このような愚かな考え方はして欲しくありません。その強い思いを込めて本章を綴りましたので、しなくていい失敗、取り返しのつかない失敗をしないためにも、よくよく考えながら読んで下さい。

命の大切さとは

戦後の民主主義教育は、命を何よりも尊いもの、至上のものとしてきました。これには戦前・戦中の命を尊いものとしなかった日本軍の戦い方や、国家の戦争方針が大きく影響し、その反動もあって余計に命の尊さが謳《うた》われるようになっています。

私は、命というのは因縁あってこの世に生まれたということ、他に代替性がなく掛け替えのない唯一のものということ、親族や知人、互いに存在を知っている世間との紐帯、情愛の交換などを総合して尊いのだと考えています。

代わりがいない、その人独自かつ唯一という稀少性、一回限りで再生できないという点でも貴重なものであると言えます。しかし、それ以上に**個々人の命が尊い理由は、何千年という悠久の期間に連綿と継承されてきた人間の連環の一つであるという壮大で厳粛な事実があるから**です。

ただ一人が欠けることで、未来にわたって久しく継承されるであろう人間の連環が途切れることは、大局的に見れば人類の営みを断つことにもなります。加えて、私やあなたが、今、この世に生きていることの稀少性、偶然性を思えば、個々の命がなぜ、尊重されなければならないのか、情動としても合点が行くのではないでしょうか。

いわば、**命とはそれ一個人のもののみならず、太古の昔から受け継がれ、未来に向かって継承され得る偉大なもの**であるという事実が貴重さを物語っています。ここに掛け替えのなさが象徴されているのです。

何のために生きるの？

私は、塀の中の住人になる以前には自分やその周りの人しか知らなかったので、「人は目標や目的がなければ生きられない生き物」と信じて疑いもしませんでした。ところが、それは大きな誤りでした。「人は目標や目的がなくても平気で生きられる生き物」だったのです。

私の周囲の受刑者のほとんどはそんな人たちで、人生の目標、目的は何かと問うと見事なくらいに口を揃えて、「そんなものありません」「チョーエキ（受刑者のこと）に、そんなものあるわけないじゃないですか」と言って笑うのです。私はカルチャー・ショックというか、信じられない思いでした。

彼らの大半は更生しようなどとは考えず、いかに楽をして生活するか、いかに目先の欲望や快楽を得るか、のみに生きています。おまけに自分の犯罪を悪いとは少しも感じていません。社会で真面目にハードワークする日々だった私は、結局は彼らと同じ所に来たのだという現実に不条理を感じたものの、自業自得と冷笑もしました。

書籍を含めてメディアなどでは「人は生きるのに目的、目標がなければならない」という命題に対して、「そんなものはなくても、人は生きられる」という反論もあり、現実はその通りでした。しかし、自己の人生の質を上げるため、自己の人間性や精神を磨くために人は生きるというのが、現在の私の思いです。

大宇宙に比べたら人間なんてちっぽけなもの、人間のやること、存在なんて大したものじゃないという論説もありますが、私は否定的です。どんな目標があろうとなかろうと人は生きられますが、この世にただ一回限りの生を享けた以上、よりよい生を追求して欲しいものです。

ではよりよい生とは何か、それはどんな生き方か、大失敗人生の私だからこそ考えられることもあると思い、あなたの人生が充実するように願いを込めて叙述してみました。

まず、私たち人類は心身共に全くの未完成で生まれ、10代後半から成人にかけて、ほぼ知的レベルや性格の原型《プロトタイプ》が完成されます。完成と言っても、これからさまざまな仕上げを要する部分が残されているというイメージです。この原型の完成には、成育環境が多大な影響を及ぼしています。

親あるいはそれに準ずる保護者の性格、価値観、教育及び知的レベル、所得水準、家庭の文化的水準など、個々の生育環境の差が成長した子どもの原型を決定しますが、人間が持つ柔軟さや奥の深さは、本人の自覚と努力によって真の完成を目指せるところにあるのです。

幼少期に形成され、成人期まで固定化されてきた性格は容易には変わらないものの、考え方を変えることで言動を変えることは、さほど難しくはありません。要は本人が真剣に自己変革を望むか望まないかによります。

親、あるいは保護者の性格や育て方によって、成長した子どもの性格に大きな違いが出ることは本人の責任ではありませんが、成人後は違います。**自分自身にしっかりと向き合い、どのような人間になりたいのかという目標や目的を持つことで自己変革も可能**であり、それを欠いたら私のように大失敗することも可能です。自分の責任と人間性の問題になります。

目標、目的をどこに置くか

あなたに伝えたい第一のことは、**人生について志を持って欲しい**ということです。それも外形的なことや数値的なことは二次的、三次的でいいから、一次的なものとして、「どんな人間性を持つ人になりたいか、なるべきか」という設定を考えて下さい。

仕事の上で、こうする、ああする、または起業する、◯◯になるなど、それはそれで大事なのですが、まずは人間としてどんな人物になりたいか、これをよくよく検討して欲しいのです。社会では「人間性を磨く」「人格を陶冶する」「徳を身につける」などと言われますが、自分の人間性を磨き、高潔で他者に流されない凛とした生き方を目指して欲しいのです。何度も述べてきたように、人生は一回限りであり、時間も有限です。

「今」を疎《おろそ》かにして、いい未来になることはありません。目標の大小を問わず、目の前の小さなことをいい加減にやっていて成就することはないのです。些細なことでもきちんとやっていく、その繰り返しが大きな成果にもつながります。

日々の仕事をしながら人間性を磨くというのは、別々のことではありません。その仕事への取り組み方も自分を磨くことになるのです。仕事だけではなくプライベートの時間も同様です。自らの人格を陶冶するというのは、四六時中それを念頭に置いて生活しなければなりません。

誰かが見ていようといまいと、あなたは常に誠実に愚直に、その時々の目の前のことに真摯に取り組むのです。誰かが見ているから頑張る、見ていないから手を抜く、というのは心根の浅ましい、恥ずべき行為だと知って下さい。誰が見ていなくても、天も自分自身も知っているのです。

陽明学に「慎独《しんどく》」という言葉があります。これは「独りを慎む」と言って、自分が一人だけでいる時であっても、怠惰や無作法なこと、恥ずべきことはしないで生活するということです。このことを胸に刻んで生活して下さい。自分を律する心、自律心を養えます。

誰も見ていない時でも人としての節度を守り、すべきことに没頭すること、これは基本です。匿名をいいことに他者を罵倒するインターネット上での醜い行いを見れば、自律心の有無や人間性がいかなるものか、その一端をイメージできるでしょう。**誰にもわからなければどんな言葉で何を言ってもいいという態度は、卑劣**だと知っておいて下さい。誰も見ていない状況でも、人前と変わらず誠実に行動できるかどうか、あなたは自問を繰り返し、より一層、徳のある自分を作っていくのです。

命の大義は克己にあり

詰まるところ、人間性を磨くということは、いかに己の欲望を自制して、より高次の人間になり得るか、ということです。人間には放っておけば目先の楽をすることや、欲望に流され易い傾向があります。

私のいる長期刑務所はその見本市みたいなもので、人間とはここまで成熟できないものなのか、堕落できるものなのか、と感心すること頻《しき》りです。作業はいい加減、他者に迷惑をかけることを気にしない、自分の要求ばかりで義務は知らない、平気で嘘が言える、などなど、およそ自律心とは無縁の人が大半です。

人は不徳にも過ちを犯すこともありますが、それについて反省し、改善しなければ人ではありません。そのためには、自分を客観的に見ること、己の非を認める誠実さを持つことが要求されます。それがなく、何をしてもいい、他者のことなど考えもしない、というのは獣の心であるとも言えます。

私たちは未完成で生まれ、終生を、自身を完成させるべく費やします。ただし、これでいい、という完成はありません。百歩譲って完成というゴールがあったとしても、そこに到達できるのは、真に刻苦勉励を重ねた人だけでしょう。他の多くの人は、完成を目指し（目指さない人も多数ですが）、その途上で命脈が尽きます。

その時、その人は完成を見ないまでも、どのように生きたか、自分の人生、命をよりよいものにしようと努力したかが問われるのだ、と私は考えているのです。何かを成し遂げる、遂げないにかかわらず努めた姿勢こそが重要なのです。

日々、本番兼修行

人間性を磨くということは、まずはそれをやろうという自覚がなければなりません。ただ、普通に生活しているだけで磨かれることはない、とは言わないものの、弱い働きによるものでしかないのです。あなたは明確に「自分を磨こう」と意識して下さい。できれば苦悩し、困難に遭遇することが望ましいです。理由は簡単で、精神や魂も知能や筋肉と同様に鍛えることで向上するからです。何の負荷もかけない状況下では向上は望めません。これは、いかなる分野においても真理になります。

人間性や徳というのは、人間同士の中で困難や不快な目に遭いながらも、それに影響されずに自分を悠然と保っていられる、不快な相手に反応せず受けいれてやれる、温かく接してやれるかどうかで磨かれるものなのです。己の感情を刺激されない時によい人でいるのは難しいことではなく、ほとんどの人ができることです。

想像してみて下さい。会社やその他の場で不条理な出来事に遭遇した、礼儀を失した人や他者への配慮を著しく欠いた人があなたに不快なことをしたとして、その時、人格者でいられますか？　会社でいつも楽ばかりしようとする同僚のことを快く受けいれよう、どうせ大変な仕事なら自分がまとめて引き受けてやろう、と笑いながらやれますか？

人間性を磨くというのは、スポーツであればただ「素振り」をすることではありません。素振りをしつつ、実戦を重ね、己の弱点を改善強化していくことなのです。あなたの集団内で損得がある場面ではにっこり笑って損を選び、何かをする時には他者からの評価など考えず誰よりも懸命にやる、こうして精神を鍛えていくのです。

古い諺《ことわざ》の「苦労は買ってでもせよ」とは、己を鍛えるための真理でもあります。日々の暮らしの中で、**あなたにとって善ではないこと、不運なことが起こった時、失望に沈むことなく、致し方ない、最善を尽くすだけ、と淡々としていられるようになって下さい。**

受け身の忍耐を覚え、命を善用せよ

そうして自分を磨きながら、自分一人のために生きるのではなく、あなたの行為が他者や社会のためになることが理想です。自分の善と他者の善が一致することを、どうか考えてみて下さい。どんなことが起ころうと、どんな人と会おうと、自分というものを確立して流されず、己の感情を乱すことなく、淡々としていられる人になってみませんか。

私には運命について大いに共鳴できる言葉があります。

『人間は毅然として現実の運命に耐えていくべきだ。そこにはいっさいの真理が潜んでいる』（ヴィンセント・ヴァン・ゴッホ）

『運命は、我らを幸福にも不幸にもしない。ただ、その材料と種子とを我らに提供するだけである』（ミシェル・ド・モンテーニュ）

前者は画家、後者は思想家の言葉ですが、私の信条そのものです。あなたにもこの言葉を贈りましょう。**目の前に困難や厄介なことがある時は、逃げたりせずに「よっしゃ！」と受け止めて下さい。楽しむのです。**そのような時、私はもう一人の私が天井から私を笑いながら眺めている図を念頭に描き、「しゃあない。さてと、どうやって乗り越えてやろうか、見ていろよ」と楽しむことにしています。心の中でも本当に楽しんでいるのです。

そんな私が服役してから気付いたことに、「受け身の忍耐の弱さ」がありました。人は自分が望んだこと、能動的に始めたことについては、苦しさも我慢できます。スポーツのトレーニングを考えてみるとわかるでしょう。

より上のレベルを目指すなら、トレーニングもそれに相応《ふさわ》しいハードなものになり、当人が望んでいる以上は我慢や忍耐で克服できます。これを「積極的な我慢・忍耐」と言いますが、私はこれに異常に強い性質を持っていました。ハードであればあるほど闘志が湧き、アドレナリンが体内を駆け巡るのです。

ところが、自分に非や原因がないのに強いられる我慢や忍耐には弱く、すぐに解決、解消しようとし、それが叶わない時は強いストレスや怒りを抱え続けることになっていました。服役生活では、ある日、突然に規則が変わって許可されていたことが禁止になったり、非常識な受刑者のせいで自分に何ら落ち度がなくても不快な状態になったりすることが少なくありません。

他にも世の中には、自分の力ではどうすることもできない理不尽で不条理なことが多々あります。以前の私は、理屈に合わないのであれば猛然と抗議し、強引にでも是正を求め、それが叶わなければ怒り方にも激しいものがありました。しかしある時に、「これも精神修養だ、笑って対処してやる」と考えるようになったのです。この「受け身の忍耐」を、あなたも意識して訓練して下さい。

この力は小さなものではなく、あなたの人格と人生を必ずやよいものにします。どんな時でも笑みを浮かべながら静かに耐える、次には忘れるという試みを実践してみて下さい。

受刑者たちは、何かを勉強する人がわずか、その他の大半はテレビと読書で長い時をすごします。ほとんどの人が精神的成長をせず、人間性を磨くこともなく、ただ年だけ取って出所するゆえに大半が戻ってくる宿命《さだめ》です。

自分を改善すれば、獣ではなく人間として社会で生きられるのに、なんともったいないことだろうと痛感しています。翻って私はこの中で自分にできる最善を尽くすことを第一として生きていますが、不満も失望もありません。人は何かを捨てることで何かを得るものと知りました。

過去を回顧しても仕事、働くことに関しては後悔は一切ありません。その時々、やれることの精一杯をやりました。しかし、人間形成について、徳を積むということについては失格でしかありません。あなたは、こんな失敗をしないで、仕事にも人間形成にも精を出して、一回限りの人生を至高のものにして下さい。

あなたが自身の人間性や徳を磨くと共に仕事にも最善を尽くし、自らと社会のためによく生きることを切望して止みません。どうか、困難を笑って克服する人になって下さい!!

「生きる」を知る座右の言葉

あなたの命は、
連綿と継承されてきた人間の連環の奇跡。
だからこそ志を持ち、
自分にしかなり得ないなにものかになろう！

「生きる」の本棚

『生くる』執《し》行《ぎょう》草《そう》舟《しゅう》（講談社）

実業家であり思想家でもある著者の卓越した知性と教養をベースに、「生きる」ことについて縦横に語った情熱的な書です。表層だけの浅い理解ではなく、真剣に「生きるとはなにか、どういうことか」を探究しています。その教養の広さも深さも圧倒的なもので、若いあなたにはわからない点も多いでしょうが、生涯にわたって読み続け、実践して欲しい一冊です!!

『夜と霧 新版』ヴィクトール・E・フランクル／池田香代子 訳（みすず書房）

あの「アウシュヴィッツ絶滅収容所」を生き延びたオーストリアの精神科医による、歴史に残る名著です。どんな環境下にあっても、人間らしさを失わず尊厳を保つとは、そして希望を持つとは、といった真の極限状態における人間の在り方が描かれています。これを読めば私たちの苦難など遊びみたいなものです。

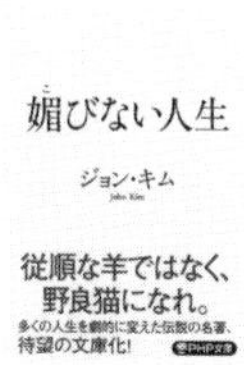

『媚《こ》びない人生』ジョン・キム（PHP文庫）

社会や世間に媚びることなく、自分が自分でいられる生き方について、著者が熱く語っている好著です。自分という芯をしっかり持って生きるための心得やヒントが満載です。心がヒートアップし、やる気があふれる一冊になっています。

『「働く意味」がわからない君へ』諸富祥彦《もろとみよしひこ》（日本実業出版社）

先に紹介したヴィクトール・フランクルの数々の著書をベースに「働く意味」「生きる意義」を、珠玉の名言と共に説いた書です。本書の中の多くの至言を胸に刻み、自らの人生に誠実かつ前向きに取り組んでください。あなたの日々が、あなたの人生から問われているのです!!

『無駄に生きるな熱く死ね』直江文忠《ふみただ》（サンクチュアリ出版）

台湾のスラムで生まれた著者が日本に来て、徒手空拳で己の道を切り拓いていくという、熱い男の生き方が描かれています。あなたは本書を読んで、平常心でいられるでしょうか!?

第七章

なんでお金が必要なのか

個人消費と景気の関係

あなたも、好景気・好況、対《つい》の概念として不景気・不況という言葉は聞いたことがありますね。個々人がお金を使うことを「個人消費」と呼びますが、日本ではGDP、国内総生産の約6割が個人消費で、アメリカでは約7割、中国では約4割になります。

GDPは、国全体で生み出された付加価値のことで、誰かが買うことによって、誰かが収入を得ます。その誰かとは主に国民です。ざっくり言えば、生産性を上げると付加価値も増え、結果として国民の収入も上がることにつながります。

国民がお金を多く使うということは、個人消費を増やし、結果としてGDPも増やすわけです。GDPが増えると、一般的には好景気・好況と言われます。GDPには他の要素もありますが、この個人消費の多い少ないが重要です。

私は、「金は天下の回りもの」という言葉の通り、自分の稼いだお金を少しでも多く、天下、つまり社会に回すようにして生きてきました。獄の人となってからは、あの時の金を少しばかり戻してくれないかな、なんて夢想するようにもなりましたが、当時は「私が多く使うことで世の中に潤う人がいるのだ、この国の景気を少しでもよくするのだ」という期待と使命感を持って、パーッと花びらのように散らせていたものです。

あなたをはじめ、国民みんながお金を使うと世の中は景気がよくなります。物やサービスにお金を払うからです。そのお金は店舗や企業の収益となり、儲かれば従業員（国民と同義）の給与も上がります。そうなると、従業員は個人消費を増やす可能性が大きく、それによってさらに店舗や企業が収益を拡大する可能性も大きくなります。これを循環、あるいは正のスパイラルとも言います。

それとは逆に、あなたを含めたみんなが、貯金に励み、お金を使わなくなってしまうと、店舗や企業は収益が減り、給与を下げるのは大変なので（一度上げた給与を下げるのは、いろいろな点で大変）、従業員を減らします。むろん、残った従業員の給与は上がりません。ボーナス（「一時金」なので下げることは容易）は減額です。そうなると、従業員はますますお金を使えなくなり、負のスパイラルに陥り、不景気・不況となるわけです。

人がお金を使う条件と近時の日本経済

日本では昔から勤倹節約《きんけんせつやく》が美風とされてきました。ところが、みんなでこれをやると途端に不況となり、社会にとっては負の行為となってしまうのです。換言すれば、個々人としてはいいことでもみんなでやると悪いことになってしまいます。このことを経済学では、「合成の誤謬《ごびゅう》」と呼んでいます。

消費税が上がると景気を悪化させるというのは、人々がお金を使わなくなるからです。「駆け込み消費」と言って、税率が上がる前に人々が買い溜めをするので、一時的に個人消費が増えますが、消費税アップ後は、その反動も含めて個人消費が減ってしまいます。

第七章

なんでお金が必要なのか

人々がお金を使うには、普遍的とも言える条件があります。無計画な人は別として、恒常的にお金が得られることです。経済学では「恒常性所得」と言います。労働者が毎月、決まった額を給与として受け取るのが典型的な例です。逆に、その日暮らしの状態ならば「流動性制約の下にある」と表現しています。その給与の額が、基本的な生活ができる他に余る程度であれば、人々は翌月以降の給与収入を前提として消費に回すことができます。とにかく入ったら見境なく使う人は除外します。

個人がお金を使い易い条件としては、自らの職が保障され、生活するのに十分な給与が将来にわたっても支給されることが見込まれること、さらには勤続年数を経る毎に給与が増えていくことです。であれば将来の不安も少なく、個人消費に回すお金も増え、景気はよくなる可能性が高くなります。

日本の1960年代の経済成長期とは、まさにそのような時代でした。特に1955年から石油ショックの起きた1973年までは、平均して年に10％前後の経済成長が続き、労働者の給与も、それ以上に上がっていったのです。

現代からすれば信じられないでしょうが、「作れば売れる」という時代でした。

翻って現在はどうでしょうか。これから、あなたの生きる時代がどのようになりそうなのか、近年のデータを提示しながら考えてみましょう。

戦後の焼跡から復興を果たし、「高度経済成長」と世界が瞠目する中、1968（昭和43）年には西ドイツを抜いてGNP（後にGDPが用いられるようになる）でアメリカに次ぐ世界2位となっています。戦後からわずか23年目の快挙でした。

その後、1980年代半ばから1990年代初めまでのバブル経済崩壊で低空飛行していた日本経済は、1997（平成9）年4月に消費税が5％にアップされたことで完全に「死に体」となり、同年11月には山一証券、三洋証券、北海道拓殖銀行など、それまで潰れないとされていた大企業の倒産が相次ぎ、国民と社会の景気マインドは一気に冷え込むと共に、社会不安が広がったのです。

その後、景気は2000年代初めに緩やかに持ち直したものの、「実感なき景気回復」と呼ばれました。そうした空気の中でリーマンショックが到来、経済危機が長く続いたものの、2012（平成24）年12月の第2次安倍政権誕生により、株価や為替、失業率、有効求人倍率、企業利益、税収、労働者数などの数字が大幅に好転し、2012（平成24）年12月から2018（平成30）年10月までの71カ月間、戦後2番目の長期間にわたって好況が記録されました。この後、２０２０（令和２）年の新型コロナが景気の腰をドンと折っています。

ここで日米のＧＤＰの変化を見てみましょう。１９８０（昭和55）年のアメリカのＧＤＰは２兆８５７３億３０００万ドル（１ドル２６０円として約７４２兆９０６０億円）、日本は２５０兆６３６２億円です。２０１９（令和元）年ではアメリカが21兆４３３２億３０００万ドルで約７・５倍、日本は５３９兆２２８２億円で約２・１５倍でしかありません。せめて４倍ならば１０００兆円なのですが、「失われた20年」「失われた30年」と呼ばれる所以《ゆえん》となっています。

ＯＥＣＤ（経済協力開発機構）の統計（２０１６年度）によれば、日本の１人あたりＧＤＰは３万９９８４ドルで世界18位です。しかし、ＯＥＣＤ非加盟のシンガポールや香港、サウジアラビアの方が高いので、実質は21位程度になります。他の国々が大きく伸びているのに対して、かつて世界一だった日本は他国に抜かれる一方で今日に至っています。それを象徴するように、１９８９（平成元）年の世界の各企業の株式時価総額ベスト15には日本企業が11社も入っていましたが、２０１８（平成30）年にはゼロとなり、最高位のトヨタが35位という惨状です。

その間、大学生の就職における大企業志向も変わらず、「文化放送キャリアパートナーズ」の調査では、伊藤忠商事、全日本空輸（ANA）、日本生命保険、大和証券グループ、JR東日本、明治グループ、博報堂、電通、丸紅、大日本印刷、味の素、オリエンタルランド、損害保険ジャパン、日本航空（JAL）、第一生命、JTBグループ、ロッテなどが人気企業となっています。

今後の所得はどうなるのか

この傾向は日本の企業実態からすれば特異とも言えるのです。なぜなら、2017年版の「中小企業白書 概要」によれば、日本の企業数382万社のうち、大企業は0・3％の1万1000社でしかありません。その0・3％の大企業が人気を集める以外に全体の約30％の1433万人の正社員を抱えています。そして残る99・7％、

380万9000社に3361万人が働いているのです。

中小企業では従業員数が20人以下あるいは5人以下（業種による）という小規模事業者が約325万社（約85％）もあります。かねがね低いとされてきた労働生産性の上昇率は、OECD加盟国36カ国中で29位と最下位（2019年版中小企業白書）に近いものです。

日本の生産性について大企業と中小企業とに分けて考えると、大企業の生産性は1人あたり826万円で海外のトップクラスの先進国に比べてそれほど劣りませんが、中小企業では海外を大きく下回る456万円となっています。さらに前述した小規模事業者の生産性は342万円しかありません。

日本の産業について予々《かねがね》、生産性の向上と日本の持つ資源の有効活用を訴えてきたデービッド・アトキンソン氏（小西美術工藝社社長）は、このままでは日本の生産性の向上は期待できないので、小規模企業を中心に再編や退場を進め、経営資源を優秀な経営者に集中させて中堅企業を増やすことが課題と述べていました（「プレジデント」2020年7月31日号）。

このことは、かなり以前から指摘されてきたことでしたが、必ず「ならば零細企業は死ねと言うのか、どうでもいいのか」という情緒による批判を受けてきたのです。純粋に経済学、社会全体の景気や産業論という面から述べるならば、アトキンソン氏の提案はど真ん中の正論でした。

類似例としては、新型コロナウイルス感染問題を起点として緊急事態宣言が出されてから、少なくない事業者が影響を受け、倒産を増加することになりましたし、倒産寸前の事業者は相当な数になると報じられていました。

この時、メディアでは一部の経済評論家やアナリストが、このような短期間で経営状態が危うくなる企業や事業者が倒産して退場することは（企業の新陳代謝を促して）産業構造改革という意味では正しいとも言える、平生から脆弱な経営によって生産性を下げている企業や事業者に対して、補助金で経営存続させることは誤りと分析しています。

その生産性について、ざっくりと説明しましょう。詳述するにはとても紙数が足りないので、アウトラインに限定します。生産性とは、生産要素を投入して、どれだけの産出物と付加価値を生産したかという数値です。生産要素には人々の労働、資本、中間投入が該当します。

資本は生産するのに必要な設備、中間投入は原材料等のことです。付加価値についてもいくつかの定義がありますが、ここではわかり易い説明をします。あなたが5000円で仕入れたシャツを7000円で売ったとして、差額の2000円から売るために要した必要経費を差し引いた額が付加価値です。

この生産性を上げることが、1人あたりのGDP（主として所得）を上げることにつながりますが、日本では残業や不要な会議や、長い間の労働慣行もあってなかなか上がりません。小規模事業者の生産性が低いことが、日本全体の生産性が低い原因というのはその通りですが、ならば、どんどん潰して集約してしまえ、という主張は、論理として正しくても、情緒としては受容されないでしょう。

このように日本人の所得が長期間にわたって上昇しなかった大きな原因が生産性なのです。仮に全体の生産性が大企業並みになれば、労働者の所得（収入から経費などを差し引いたものが所得です）は大きく上昇することでしょうが、さて、あなたはどのように考えますか？

補足しておきますが、1人あたりの国民所得は、労働所得と資本所得から成り立ち、これは1人あたりのGDPと等しいものになります。資本所得とは、銀行預金や保有株式に対する利子所得や配当所得ですが、日本の労働者の主たる所得は労働所得（給与）なので、生産性（厳密には労働生産性）の上昇が所得の上昇になるのです。

ここでは紙数の制約があるので、労働分配率（利益の中から、どれだけの比率を労働者に分配したか）は除外して述べていますが、この先、労働分配率が劇的に改善する可能性は低いでしょう。それを示すものとして、企業の内部留保の増加がありますが、２００８（平成20）年度に約２８０兆円だったのが２０１８（平成30）年には約４６３兆円と史上最高になっています（財務省「年次別法人企業統計調査」）。

内部留保については、企業の余剰資金で現・預金であるという誤った認識がありますが、不況への備えの他に設備投資や海外への投資など、現・預金ではない部分も大きく、そのまま社員の給与増額に使えるわけではありません。そうであっても近年の企業が、社員の給与を増やすより、自社の内部留保を増やす方に傾いていることは、雇用や社員への福利厚生についての考え方が変化してきたことを表しています。

２０１５（平成27）年以降、最低賃金も4年連続で３％と高い伸びを見せてきましたが、これは基本的に非正規雇用者のためのものです。最低賃金は２０１２（平成24）年に平均時給７４９円でしたが、２０１９（令和元）年には、平均９０１円、東京では1000円を超えました。

有効求人倍率も2018(平成30)年6月で1・62倍、同じ頃から失業率は新型コロナ禍発生まで常時2%台前半と、ほぼ完全雇用に近くなり、いよいよ賃金上昇が始まった時に新型コロナ禍の影響で急ブレーキとなりました。

メディアや識者は「実質賃金は上がっていない」と批判していますが、これは無知のなせる業です。新規に就業したほとんどの人の賃金は低いところから始まります。併せて企業で定年退職する人の賃金は大半が最高に近い高給です。すると新規の就業者が増えるということは平均賃金自体が下がらない方が不思議なのであり、下がって当然なのです。

賃金というのは完全雇用に近くなってから上昇するものです。経済学ではあたりまえのセオリーです。

他にも、近年は生産年齢を超えた高齢者が労働市場に参入してきています。こうした人々は既に年金を受給しながらの就業なので、低賃金でも働けるわけです。お金より、生き甲斐、あるいは年金以外に収入が欲しいという人たちです(「平成30年版高齢社会白書」によると、60歳から64歳までの男性の79・1%が就労しています)。それに合わせて女性の雇用が大きく増えたことが、平均賃金の上昇を抑えている面があることも否定できません。

だからといって、企業収益の伸びを無視した賃金上昇となれば、倒産やリストラ、雇い止めの嵐になります。

今後は70歳から75歳でも働くのが当然となるほか、外国人労働者の増加も予想されるので、期待したほどの賃金上昇の可能性は低いと考えられます。また、高所得者と低所得者の格差の拡大も助長されるでしょう。

また、以前のように企業と社員が擬制家族のような関係ではなくなりつつあり、終身雇用は厳しく、退職金（退職給付金）も減額されてきました。退職金制度については、2008（平成20）年には83・9％の企業が設けてありましたが、2018（平成30）年では77・8％になっています。

退職後に支給される年金制度のある企業は、2008年は37・5％でしたが、2018年には22・6％となりました。退職金の額を見ると、大卒及び大学院卒の管理職・事務職・技術職は勤続35年で2008年が平均2491万円、2018年には平均1997万円です。高卒の同職では2008年が平均2301万円、2018年に平均1724万円になっています。

本当ならば、時代を経ると共に増額されるはずなのですが、減っています。これまで述べてきたように、賃金自体が減っているのです。企業は第2次安倍政権になってから新型コロナ禍が発生するまで、ほぼ毎年のように利益を更新してきていたというのに、です。

それだけ、社員に分配する額を抑え、株主への配当や内部留保を増やしてきました。この流れは今後も変わりません。そうなると、**あなたを含めた人々は自分で将来の生活設計に責任を負わねばならなくなる**のです。

将来の年金、期待するより自分で作ろう！

あなたも覚えているでしょうけれど、２０１９（令和元）年夏に「年金２０００万円問題」というのがありました。これは現在の年金制度で生活するには、ざっと２０００万円が不足するということでした。

この計算をしたのは金融庁で、一説では自らが所管する銀行や証券会社の利益を増やしてやろう（資金作りのために国民が株式投資や金融商品を買うので）、という思惑もあったとされていますが、資金が不足すること自体は何十年も前から言われ続けてきたことです。

試算モデルは、夫婦２人の年金収入が月に約21万円、支出の生活費が約26万円で、毎月の不足が約５万円、30年で約２０００万円を貯蓄から取り崩すというものでした。

年金支給が夫65歳、妻60歳としたならば、平均寿命まで生きた場合、妻はぎりぎりになります。

というより、夫が死亡すると年金は大きく減額されるので、それだけ貯蓄から取り崩す額も増えるわけです。2018（平成30）年の平均寿命は男性81・25歳、女性87・32歳ですが、近いうちに女性は90歳を超えると言われています。

この平均余命というのは0歳からの全国民の平均余命なので、65歳まで生きた人の寿命はさらに長くなるのです。人生100年時代とも謳われるようになり、100歳以上の人が急増していますが、遠い未来としても100歳を迎えられる人は想像されるほど多くはなりません。

こういうことは統計という確たる理論でわかります。そうであっても男女共に90歳代は当然という日が来るでしょう。すると問題は、「健康」と「お金」です。**長生きしても貧困と共にあるならば、豊かな、あるいは充実した老後とは言えません。贅沢はしなくても、衣食住に支障なく、趣味に生きる、子や孫にも金銭で迷惑をかけない悠々自適の生活をするには前述の二つが不可欠**です。

年金に関しては、将来は破綻するという言説を多くのメディアで目にしますが、その可能性はありません。年金というのは積み立てではなく、賦課方式といって現役世代の支払いが柱になっています。従って破綻はないのです。ただし、給付額が低くなる可能性は高いでしょう。

ＯＥＣＤのデータでは日本の所得代替率は約35％となっていますが、これは１人あたりであり、世帯となれば大体50％前後が現実的な数値でした。アジアでの他国を見ると、香港は約42％、シンガポールは約53％、韓国は約39％になっていました。シンガポールと香港は所得が日本より多いので受給自体も多くなるのです。将来を鑑みれば、日本の所得代替率は夫婦２人世帯でも約41％になるという試算が出ているものの、これでも楽観的な数値とされ、実際はもう少し低くなるでしょう。

この他に各国の年金の質を評価した「グローバル年金指数（２０１９年度）」では、日本のスコアは48・3％に対し、シンガポールは70・8、香港は61・9、韓国は49・8となっていて、37カ国を対象とした中で日本は31位になっています。評価の高い国はオランダやデンマーク、低い国はインド、アルゼンチン、メキシコ、フィリピン、タイ、トルコとなっていました。

ただし、日本は評価では世界トップクラスの健康保険制度など、社会保障全体で眺めると低くはありません。それでも、年金に関しては、「豊かな老後」「自由にやりたいことができる老後」とはいかないようです。昨今では「貧困老人」の孤独死も社会問題となっているように、**老後の貧困は深刻化しつつあります。**

そうならないためには、老後を睨んだ資産の確保を考えて実行することですが、現実には各年代がどれくらいの資産を保有しているのか調べてみました。数字は2019（令和元）年11月に金融広報中央委員会が調査した「家計の金融行動に関する世論調査」によるものです。

それによれば、各年代の平均的な金融資産保有額は、20代220万円（165万円）、30代640万円（355万円）、40代880万円（550万円）、50代1574万円（1000万円）、60代2203万円（1200万円）、70代以上1978万円（1100万円）となっています。カッコ内は中央値です（平均よりも中央値の方が実態に近いと考えて下さい）。

他の調査では、2000万円以上の金融資産を保有している人の比率は20代1・7%、30代5%、40代13%、50代23・8%、70代以上27・9%でした。他方、ゼロの比率は20代32・2%、30代17・5%、40代22・6%、50代17・4%、70代以上28・6%

です。あなたは、これを見てどのように感じましたか？

今度は資産や経済力について別の角度から見てみましょう。

家庭の経済力と教育レベルでは、経済力がある家庭ほど、子どもの教育レベルは高くなります。経済学の他に現実の統計においても教育レベルと収入は正比例していきます。現代では**親の貧困が子どもの貧困に継承される**ことも問題化されてきました。ということは仮にあなたが家庭を持った場合でも、経済力がないよりはあった方が、子どもの育成には有利な条件となり得るわけです。

もっとも、親がどんな人間で、どのように育てるかの方がずっと重要ではあります。しかし、家庭の文化資本は経済力と密接に関係しています。文化資本とは、本の数の他に芸術や文化的行事に触れさせる機会、旅行などを含むもので、これも平均すると経済力にかかわってくるのです。

未来の展望では、２０４０年代には低年金問題が顕在化します。メディアの未来予測では暗いことばかりが並んでいますが、それが単なる予測であれ、現実化するのであれ、大事なことは、「**自分の人生は主体的に自分が守り、自分が作る**」ということです。

未来のためにどうするべきか

やるべきことは、経済的な基盤を強化して、明るく充実した老後、晩年になるように準備しておくことです。まずは、あなた自身が働くという「人的資本」が柱になります。

少なくとも自らの仕事については、プロフェッショナルを志向すべきです。ただし、昨今の雇用状況を見ると、自社だけにしか通じないスキルは万全とは言えません。

先のことは誰にもわからない以上、どんな状況になろうとなんとか対応できるように、**自分自身に投資を続け、自己の強みを磨き、増やすと共に、産業や経済を含めた社会をよく見て、有益な情報を集め、自身の付加価値を高めておく努力が必要**です。

このような行動を選んだ場合、あなたが迎える将来には大きな利点があることを覚えておいて下さい。それは、「スキルのある人とない人の格差が拡大する時代」だからこそ、あなたの「正しい努力」は従来以上に評価され、報われるということです。

企業は既に激しい競争に入っています。そこで必要とされるのは、スキルや適応能力の高い人となります。そのような人には相応の報酬と待遇が用意されるでしょう。ここまでが自分の「人的資本」を十分に活用して経済的に安定を図る手段です。

しかし、より安定を確保できる手段を講じて下さい。それは投資をすることです。投資というと、日本では、「不労所得」「怪しげなこと」「ギャンブルみたいなもの」「損ばかりすること」というイメージがありますが、それは偏見や無知に近いものでしかありません。

投資というのは、あなたの資本（お金）と時間を将来のために有効に使うことです。若いあなたの最大の武器は「時間」なのです。10年20年30年という歳月が、未来の豊かで安定した人生を作ってくれます。投資と言えば株式が想起されるでしょうが、私があなたに勧めるのは短期間で売買を繰り返すような投資ではありません。

あなたの時間を最大の武器として、長期にわたって積み立てていくことを指しています。平生の暮らしに費やすお金は自分が働くことによってカバーするのです。決して一攫千金や、それに類することをするわけではありません。

投資で稼ぐのは悪いこと⁉

もしかすると、あなたは自らが働くことなく、投資で収入を得ることを「不労所得」として、悪いこと、反倫理的なことと捉えているのかもしれませんが、そうだとしたら誤りです。そもそも、お金を稼ぐということについて考えてみましょう。

お金は個々人、あなたの欲望に深くかかわる存在です。単に欲しい物が手に入る、やりたいことができるというだけではありません。**あなたが生きていく上で、より自由になるためのツールがお金**です。

日本では、お金を稼いだ人への敬意がないどころか、何か汚ないことをしているのではないか、よくない存在ではないかという空気があります。アメリカの経済学者のソースティン・ヴェブレンは、「資本主義における消費の原動力は人々の見栄《みえ》や羨望だ」と語りました。

羨望とは羨ましいという情動の働きであり、欧米など多くの国では、その情動が自らを鼓舞する駆動力、モチベーションになり、社会の好況の醸成や資本主義の発達に寄与してきました。

ところが日本では、羨望ではなく、妬みや嫉《そね》みになることが少なくありません。結果として、大金を稼ぐというのは、何か悪いこと、倫理的に問題のあることをしたのではないか、額に汗して地道に稼ぐのとは異なり、疚《やま》しいことをしたのではないか、という眼を向けられたり、批判的に評価される土壌があります。

特に若い人が多額のお金を稼ぐことについて、日本社会は率直に評価しない傾向があることは否定できません。誰々が稼いでいるという言葉の中には、本人の資質や稼ぎ方とは関係がなくても「強欲」という印象が付されます。

単純に日本人の心の底にある平等思想、日本人の幼少の頃からの教育や育ち方に内包される画一性から派生する見方や感情によって生まれたであろう評価を感じるのです。私の勝手な主観では、それらの負の印象、評価は稼ぐことと付随する使い方にも多分に影響されているように感じられます。

日本人の富裕層のお金の使い方を欧米のそれと比較して決定的に異なるのは、「社会や公共のため、弱者のために使う」という行為があまりにも少な過ぎることです！

少し古いデータですが、2010（平成22）年8月10日付の『ニューヨーク・タイムズ』では年収2万5000ドル以下の貧しい層の人々が、その収入の4・2％を寄付していると報じていました。日本では2011（平成23）年3月11日の「東日本大震災」の時に「絆」という言葉が喧伝されて寄付金が増えたものの、それでも1人あたり6551円でしかありません。

日本人は冷たいのか、ケチなのかと疑ってしまうような額ですが、あなたはどのように感じますか？　その昔、明治・大正期の日本の富裕層には、公共や文化のために惜しみなく私財を投じた人も少なくなかったのです。

このような行為の骨格にあたる理念を欧米では「ノーブレス・オブリージュ（高貴なる者の義務）」、と称していますが、日本ではこうした理念が啓蒙されていないことにも、お金を稼ぐことが素直に善と評価されない事情のように感じられます。

他にも「ゆとり世代」や、その下の「Z世代」と称される層をはじめとした人たちは「低欲望世代」と言われ、ミニマリストやシェア志向が広がり、お金は欲しくても特に熱を入れて稼ぎたくない、という心情も関係しているのではと考えています。一種の諦観です。

もちろん人それぞれ、お金を稼ぐという行為についてさまざまな思いがあるでしょうが、ここでよくよく考えて欲しいのです。お金を稼ぐこと、お金を持つことの意義についてを。

お金は自由と未来を広げるためのツールだ

お金とは、あなたの自由と未来を広げるための道具になるのだと知って下さい。あなたの仕事や私生活を問わず、選択肢や可能性を大きなものとし、未来をもよりよいものに導く力を持っているのです。そして、その力は稼ぐこと、お金を得ることではなく、何にどのように使うかで発揮されます。

お金があれば、他の人で代替できることは報酬を支払ってアウトソーシングし、あなたはその分の時間を有効に使えるようになります。時間は命です！　その命をより有意義に使えるのです。時間というのは取り戻すことができませんが、経済力があれば有効に活用することはできると知って下さい。

有効に活用できるようになるのは時間だけではありません。あなた自身をも、その対象にできるのです。他者と代替性のない存在になり得ること、自分が心から望むものを実現することも従来より容易になることは論を俟《ま》ちません。

お金を持つことで自らの夢や願望を達成できることは重要ではあるものの、それ以上に社会や弱者のために使って欲しいのです。社会のために、というのは大きく分けると二つの目的があります。一つは字義通り誰かを助け、支えるため、あと一つは「金は天下の回りもの」というように、あなたが使ったお金が誰かの、社会の収入となり、社会全体の好況に寄与するためです。

社会は構成する人々の使ったお金で成り立っています。多くの人が使えるお金を増やすこと、そのような発想が社会のためになるわけです。前出の個人消費の原理ですが、消費は必ず誰かの生産活動を促し、あなたが使ったお金が他者から他者へと流通して、それが社会全体の福利を充実させます。

まずは、お金を稼ぐ、次にはどのように使うかを考えることは、そのままあなたの人生についての意味を問う、考えることになるのです。哲学者のフランシス・ベーコンは自著の『ベーコン随想集』の中で、「金銭は肥料のようなものであって、ばらまかなければ役に立たない」と語っていますが至言です。

肥料のようなものなので、当然自身にも投じなければなりません。自分への投資です。あなたが望むものを手に入れるため、望んだような自己になるため、時間と合わせてお金を投資して下さい。

本心からは望んでいない仕事や会社の束縛から解放されるためにも、お金は力を発揮してくれます。自分はどんな人間になりたいのか、どのように生きるのかについて、あなたの意思と能力に合わせて、お金があれば理想を実現すること、近付くことは十分に可能になるでしょう。

そして、あなたがそのような状態になった時には、そのノウハウやスキルや思考を他の誰かに伝えて連鎖させて欲しいものです。あなたが社会を変える力となることは価値あることではないでしょうか。そのような生き方も一考して欲しいと望んでいます。お金を稼ぐことは決して、お金を目的とすることではありません。ひたすら預金通帳の額を増やすことだけが目的、愛読書は預金通帳などという残念な生き方をしないで下さい。

哲学者のショーペンハウエルは、「富は海の水に似ている。それを飲めば飲むほど、喉が渇いてくる」と語りましたが、そうなってはいけません。『自助論』で有名なサミュエル・スマイルズも、「この世における諸悪の根源は、お金そのものではなく、お金に対するその人の愛情にある」と語りましたが、よくよく銘記すべき言葉です。

バブル崩壊直後から、社会ではしばしば「清貧」こそが理想、美しいとされましたが、そういう人が増えれば社会は活力をなくし、公共や他者のためにお金を使う人も少なくなります。

社会保障の源泉は経済成長です。現役世代の払い込む保険料が中心を占めているので、「経済成長は要らない、定常状態でいい」というのは成立しません。「清貧」ではなく「清富」を目指してください。

正しい方法で稼いで、目先の欲に流されず溺れず、正しく使うということです。社会で喧伝されることの一つに、「あの人はお金を持ってから（悪い方に）変わった」というレトリックがありますが、これは正確ではありません。

もしそういう人がいたならば、もともとそのような人間だったのです。お金がなくて他のことに束縛されていて、自らの本性を出せないでいただけで、お金で自由を得た途端に本性を現しただけのことです。

私は職業柄、そんな人をごまんと見てきましたが、あなたは努々《ゆめゆめ》、そうならないように自己をしっかりと摑んで生きていって下さい。

高齢社会の日本を覗いてみる

第七章

なんでお金が必要なのか

再び投資の話をするにあたり、現在の高齢者の実態を覗いてみましょう。総務省の「労働力調査」では、男女計で60歳から64歳で働いている人は2009(平成21)年に57%、2019(令和元)年に70・3%、65歳から69歳では2009年に36・2%、2019年に48・4%、70歳から74歳では2009年に21・8%、2019年に32・2%となっています。この数字の中には、給与とは別に働きたい人、家計の足しに働いている人が混在していますが、メディアでは60歳の定年退職後、65歳からの年金支給までの5年間を、給与が大きく下がった中で働かねばならない人々のことが度々、報じられているのが現状です。65歳までの再雇用では、元の部下が上司なった、やるべき仕事を与えられない、給与と待遇が大きく低下したなどのケースが少なくありません。

こんな時、若い頃から投資によって資産を築いていれば、悠々自適、自らの望むライフスタイルで生活できたはずです。繰り返しますが、私が唱える投資は、現在の仕事から収入を得ながらの投資で、頻繁に売買するものではありません。

たとえば株式や国債などでの運用であれば、毎月積み立てて長い期間を持ち続けるというものです。最近になって、これなら誰にでもできて確実性が非常に高いと感心した投資の書に、『33歳で手取り22万円の僕が1億円を貯められた理由』（新潮社）があります。

詳細はこの著書を一読してもらいたいのですが、要は世界全体となれば不況によって一時的に株や債券の価格が下がっても10年20年のスパンで見れば100％上昇するという思考でした。

著者は、不況でそれらの値が下がった時は安く買えるバーゲンセールで喜んでいる、とまで叙述していて、その着眼点のよさと、着実に実行する意志の強さに感心することと頻りでした。

この方法は全く考えず、誰にでもでき、ほぼ100％成功する方法です。コラムでは他の有益な書も紹介するので是非、目を通してみて下さい。

また日本人は現金が好きなのか、金融資産では各国に比べ、格段に現金預金の比率が大きく、2019（平成31）年3月末の日銀の「資金循環の日米欧比較」では53・3％です。

ちなみにアメリカ、ユーロ圏はそれぞれ12・9％、34・0％です。株式と投資信託の比率は日本13・9％、アメリカ46・3％、ユーロ圏27・6％になっています。現・

預金は、そのままでは付加価値を生み出しません。

また、あなたが投資をする利点は資産形成以外にもあります。それは投資をすることにより、経済のみならず国内外の社会情勢や政治などに関心を持つことです。経済は理論で動くより、人々の感情で動くことが多いことが実感できます。

加えて株価や債券価格は人々の思考や近い将来への期待を反映するので、絶対ではないものの、近い将来の空気を感じられることもあるのです。投資は自分の感情との闘いになることもあり、自分の中の隠れた一面を見ることもできるでしょう。

単純に働き続けるだけでは己の収入以上の資産は築けず、自由も可能性も限定されてしまいます。

投資は能力と時間を資産に換えるものです。上手にお金を活用すれば命であるあなたの時間を増やし、中身の濃い人生に進化させられます。あなたには夢や目標を叶える時間がたくさんあるのです。その機会と命を存分に活かして下さい！

断じてお金に左右されるのではなく、囚われるのでもなく、お金という武器、ツールを縦横に使いこなして下さい。

正しい心と目的があれば、お金に憑《つ》かれることなく有益に活用でき、社会のために

もなるのです。「清富」の思想を忘れないで下さい。未来の豊かな資産があなたの可能性を発展させ、あなたにしかなり得ないなにものかになってくれることを切に願っています！　胸を張って堂々と稼いで下さい。

「お金」を知る座右の言葉

お金とは、あなたの自由と未来を
広げるための道具。
その道具を自分のためだけではなく
誰かのため、社会のためにも使える人であれ！

「お金」の本棚

『33歳で手取り22万円の僕が1億円を貯められた理由』

井上はじめ（新潮社）

そのシンプルな手法と、それを貫いた強い意志が大きな資産につながっています。手法自体は本当に素朴で万人に可能ですが、世界全体なら、不況があっても100％経済成長するという発想、着眼点が素晴らしいです。職があって収入のある人なら誰でも始められ、失敗もありません。10年20年30年のスパンなら世界経済は間違いなく成長するからです。是非、実行して下さい。

『ビジネスエリートになるための　教養としての投資』

奥野一成《かずしげ》（ダイヤモンド社）

買った株は原則として売らないというバフェット流を日本で実践しています。著者の投資に対する姿勢、思考はビジネス全般にも通じ、良質な投資の書となっていました。成長する会社に長く投資する、という株式投資の王道を知って下さい。

『本当の自由を手に入れる　お金の大学』両@リベ大学長（朝日新聞出版）

お金の基本中の基本「貯める」「稼ぐ」「増やす」「守る」「使う」について、わかり易く、かつ詳しく説いてある良書です。投資以外の年金、保険、不動産、家計、副業、税金などなど、知っていれば役に立つ情報が満載でした。お金の基本について何も知らない初心者には特にオススメです。

『iDeCo＋NISA・つみたてNISA　プロの運用教えてあげる！』
安東隆司《りゅうじ》（秀和システム）

職業によって限度額が決まっているものの、投資額が非課税となる、それだけでも得な制度を、プロが運用している手法を紹介しています。今のお金ではなく、将来の資産として楽しみにするという発想です。

『［新版］バフェットの投資原則』ジャネット・ロウ／平野　誠　訳（ダイヤモンド社）

投資界のカリスマともされるウォーレン・バフェットが実践した手法を紹介しています。株式投資の王道と言えば王道の一冊です。基本はシンプルで複雑ではありませんが、目先の結果に一喜一憂しない精神が必要です。

第八章

これからの日本とあなたの未来について

これからの日本社会の課題

既にあなたも知っているように、これからの日本社会は決して希望にあふれた社会とは見られていませんし、その見方は諸々の外形的条件だけを見れば的外れとは言えないものです。

「少子高齢化」「社会保障費・医療費の際限ない増加」「財政難」「非正規雇用者の増加」「低賃金及び賃金伸び率の鈍化」「労働力不足」「外国人移民・労働者の増加」「介護難民・買い物難民の増加」「中年世代のひきこもり」「貧富と階層の格差拡大」「地球温暖化に起因する環境問題」などに加え、コロナ禍による各業界や社会でのさまざまな変化や転換、従来の価値観の転換など、挙げていけばきりがありません。

戦後の日本が廃墟の中から不死鳥のごとく蘇った高度経済成長期のように、みんなの生活が揃って豊かになる時代はバブル期まででした。以降、みんなが一緒に豊かになるという好況に至る可能性はほぼなくなりました。

また、社会の人々が等しく好況を実感することもないでしょう。この件について言えば、あの高度経済成長期の渦中にあっても未曽有の好況を実感しなかったという人が少なくないと言われているのです。

現在、多くの書などで最も大きな課題とされているのは少子化による日本の人口減であり、これが経済成長を阻むと懸念されていますが、そんなことはありません。人口減少スピードが日本より速い国もありますが、その国では経済成長が記録されています。条件としては恵まれたものではありませんが、要は労働力を含めた生産性の高さ、イノベーションの有無によるのです。

人口が少なくてもオーストラリアの約2520万人、シンガポールの約580万人、フィンランドの約550万人、イスラエルの約850万人（「グローバルノート」2019年国連統計）などのように、経済成長している国は他にも多く、資源の少ない日本はむしろ人口が減った方がいいという学者や専門家も少なくありません。

バブル崩壊後、グローバル化の潮流もあり、日本にも年功ではなく個人の業績評価システムが導入されましたが、これは控えめに言ってもうまくいったと呼べるものではありませんでした。しかし、コロナ禍によってテレワーク、リモートワークが促進される流れとなり、次こそは個人の業績評価が顕著になるとされています。

大企業ではテレワーク、リモートワークに備えて、オフィス面積の縮小、通勤費の実費支給、テレワークに対応した自宅の改装費用など、以前とは異なる動きが普遍化してきました。その動きは中小企業の中でも中堅企業に拡大しています。

そのような時代背景の中に生きるあなたが考えるべきことは、**状況や環境に流されることなく、「自分はどうありたいのか、そのために必要なことは何か」をしっかりと考え、自分の内に確立する**ことです。

社会には前述のように多くの課題や問題がありますが、それにばかり囚われ、安易に自分の夢や希望を捨てることなく、この世に生まれてきた稀なる偶然と人生の一回性の貴重さを大事にして生きなければなりません。

また、少子高齢化は私たち日本人の感覚ではマイナスに捉えられているものの、同様の問題を抱える諸外国から見れば、社会保障の整備が進んだ日本は「非常に」恵まれた国、高齢者も健康状態のよい人が多い国、と羨ましがられています。日本人の悲観的傾向が、過剰にマイナスと思い込んでいる面もあるのです。

どんな時代であろうと、それは今を生きる自分の時代であり、夢や希望を持って、

それに向かって邁進している人はいるのです。時代や環境をできない言い訳にするのではなく、逆にこんな時代だからこそ、より一層努力しようという精神を持って下さい。どんな境遇でも自分の夢や希望を成就している人、前向きに生きている人はいます。言い訳することが癖になっている人は、どれだけ条件の良い環境にあっても、自分の努力不足を棚に上げて言い訳をしてしまうのです。なんと悲しいことでしょうか。あなたは、このようなことがないように心がけて下さい。

ただし、努力といっても、今とこれからの時代や社会をよく見た上での、正しい方向の努力であって欲しいものです。懸命に努力を重ねても、ある日意味がなくなってしまうこともあります。そうならないためには常に社会をよく見て勉強することを習慣にすることです。

「時間は命」です。**世の中には「すべき無駄」と「すべきでない無駄」があります。**あなたには前者を経験して欲しいと願っています。目の前の自分のすべきことに一心不乱に没頭しつつも、顔を上げて周囲や時代の潮流にまで注意を払って下さい。

これから持つべき労働観とは

「所得格差」の一因は非正規雇用の増加にもありますが、この流れは止まりません。グローバル化が誘因となって企業間の競争が激化したこと、企業が従業員より株主などステークホルダーを重要視するようになり、仮に利益が増えたとしても、それに応じて従業員の賃金が上がるということは考えられなくなりました。

私は、真面目に働いた人が手にする賃金で、贅沢はできないまでも生活の心配をせず、普通に暮らしていけない状態を歪《いびつ》だと感じていますが、時代の趨勢がそのようになってきた以上は行政の施策をあてにせず、自力で道を切り拓いていくべきだと考えています。

社会が悪い、政治が悪いなどと不平や愚痴を並べていても解決しません。自分の努力によって自分の生活と尊厳を守るしかないのです。コロナ禍によって個人の業績が正しく評価される時代になるということは、正しい努力を重ねている人にとっては朗報です。その努力が、集団の中に埋没することなく従来以上に評価されるということでもあります。このことをしっかりと自覚しておいて下さい。

仕事に関連することでは、「日本は起業チャレンジの際にセーフティネットがない」「(失敗した人が)再チャレンジしづらい国だ」と喧伝されてきました。併せてセーフティネットの充実した国、再チャレンジし易い国の名を挙げて比較されることも少なくありません。これについては同意できます。

ただ、国や行政だけの責任ではなく、日本社会が初期の起業家や失敗した人に対して寛容とは言えず、社会的信用も与えないという国民感情も大きく影響しています。そればかりではありません。

そもそも日本は、起業しようという人が少ない国です。自分の本当の思いや理想と乖離があっても、本人だけでなく家族まで本人の安定を選んでしまう風土、そして起業に保証を求めてしまうメンタリティがその一因です。

それが一万年前からの農耕民族というDNAに由来するのか、幼少期からの画一的な教育、他者と違ってはいけない、同調しなければならないという環境で育ったことによるものかは専門家の検証に任せますが、確たる意思と矜持《きょうじ》を持って己の信じた道を断固として歩むのだ！　というくらいの気概がないと世間の視線が痛い国でもあります。

物事を始める以上は十分に研究し、始めたら息つく暇もないほど、夢中で取り組んで欲しいです。ことの成否は別として、自分が本当に専念した、努力をしたという経験は次につながります。

万一、うまくいかなかった時でも、他者の評価は気にしなくていいのです。重要なことは**自分がどれだけ努力したのか、真に最善を尽くしたのか、つまりは己が己にどれだけ誠実、忠実だったか**という一点に尽きます。この点を堅持できていたならやり直しは可能ですし、愧《は》じることもありません。

時間がもったいないので落ち込んだり悔やんだりすることなく、「なぜ、そうなったのか」を第三者の目と心を持って淡々と分析して下さい。その際には自分の陥りがちな癖や傾向をも的確に把握することが肝要です。

単に落ち込むだけで終わった失敗は本当の失敗になり、次への糧にも実りある経験にもなり得ませんが、正しい分析は必ず役に立ちます。時間は命、めげている暇はないのです。

あなたが生きる今後の時代は、労働力の流動性も高くなります。結果として転職が増えて、転職することへの心理的抵抗感も低くなり、社会の転職者への評価も寛容になっていくでしょう。

労働形態も一つの職業だけではなく複数の職業を持つ複業化、あるいは自分の状況に応じて単発で仕事をするギグ・ワーカーという形態も普及します。

職業や労働は人生の背骨とも言われます。それだけに自らを鍛え、磨き、成長や喜びを与えてくれる働き方、職を選択して下さい。

社会とあなたのかかわりで意識して欲しいこと

戦後の日本は「個性尊重」と「個人の権利を尊重」という教育のせいで個人志向が進み、核家族化、地域の住民間の紐帯の希薄化、他者への無関心が進んだと言われています。

そんな中で2011(平成23)年に「東日本大震災」が発生した後、社会での絆や紐帯が注目されるようになりました。併行して低欲望世代と言われる若者層の間では、「社会のために、誰かのために」なるようなことがしたいという希望も広がっています。

単に社会の福利から考えるだけではなく、社会として、国としてこの方向は望ましいものです。**「社会のために、他者のために」という思いが一人でも多くの人に広がることは社会の安定にもつながり、暮らし易さにも寄与します。**そのような空気が醸成されること、より促進されることを私も熱望するものです。

私が養護施設にこだわり、将来は施設を作るのだと考えるようになった理由の一つには、子どもたちが運に恵まれなかった、自分を育ててくれる親のもとに生まれてくることができなかった不運を本人が自力で乗り越えられるように、自らが望むことを実現できる能力と心を持たせてやりたいという思いがあったからでした。

不運や不幸をぐずぐず嘆いていても仕方ありません。嘆いたところで状況は変わらないのです。大切なことは、本人がこれからどのように生きていくかということです。自分が望んだような自分の生き方をするには、それに見合った実力や努力を要するので、そのためには高度な教育が不可欠なのだと考えていました。

親や家庭に恵まれなかった彼らが十分に自らの人生を生き、そうして同じ境遇の子どもたちのために奉仕できる人になって欲しい、その思想を次世代、またその次の世代へと伝えて欲しい、私の死後もそうした思いの継承が続くことが理想でしたし、今もその思いは変わりません。

ですが、私は自らの愚かさゆえに獄窓にいる身となり、その夢は実現できていません。代わりに、そのように考え行動してくれる人が一人でも増えることを希望しています。

自分だけではなく社会で恵まれない人、弱者のために何かをする精神を抱いて欲しいと願っています。人が誰かのため、他者のために生き、何かをしようと考えることは尊いことです。

これを実践することは、相手のためだけではありません。いや、むしろ、自分のためとも言えるのです。というのは最近、私がそのように感じた体験があったのです。

私は工場に出ることなく、一人で作業も生活もしている身なので、新しく刑を科されて他の施設から送られてきた者や、私のいる施設の拘置所で裁判を経て刑が確定した者と一緒の運動（約37分間×週に2回）になることがあります。

近年の私は相手に対する好き嫌いや批判的精神は一切なく、どんな非常識な相手でも「楽しくすごす、また、私と話したいと感じさせる」ことを自らの使命としていました。

おかげで、この4、5年は不快な相手、合わない相手はゼロで、施設の職員から対人スキルに難のある受刑者との運動を頼まれることも少なくありませんでした。いささかでも役に立てることは自分の存在意義《レゾンデートル》の一つにもなっていました。

そんなある日、まだ20歳を過ぎたばかりで、刑務所は初めてというTちゃんと一緒の運動になったのです。初犯なので、専門の初犯刑務所に送られるまでの1カ月前後の付き合いとなります。このTちゃん、自ら自分は発達障害と知的障害があると伝えてくれました。

なるほど、もう一人別の人を含めて三人で話をしていても、自分が興味のない話題には全く参加することなく、つまらなそうにその辺を歩き回っていますし、どうやらもう一人の人がお気に召さなかったようで私とばかり話をしていました。なるほど、これが発達障害の一つかと得心していましたが、少しでも私ともう一人の会話が弾むと如実に不機嫌というか、心ここにあらずとなり、時には運動に出てこないこともありました。

私としては、我が子というより孫みたいな思いで接し、可愛いがっていたつもりなので残念でしたが、仕方ありません。ところがTちゃん、もう一人が他所へ移送されていなくなると、すぐにまた出てきたのです。

Tちゃんは小柄な私よりさらに小さく、まだ少年という風情の通り、私と話す時には屈託なく、楽しそうに話すのです。話し方は一方的であり、キャッチボールにはならないのですが、犬のようになついてくるTちゃんが可愛いく、毎回、運動に出る前に廊下に並ぶ時には後頭部をなでてやります。職員も笑っていました。また、冬の寒い時期だったのでTちゃんは鼻水をたらしているのですが、ちり紙を持ってきません。そこで私が持参したちり紙で鼻をかみなさいと渡します。

ただ刑務所なのでそのちり紙を自室のゴミ箱に捨てるためにTちゃんが持っていくことは、物のやり取り、「物品不正授受（刑務所では受刑者同士の物のやり取りは反則行為で懲罰になります）」になるため、Tちゃんの使ったちり紙は再び私のポケットに入ります。

本当に孫の世話をしているようでした。聞けばTちゃんの祖父は実際に私とあまり年が変わらず、少々ショックではありましたが。Tちゃんは、自分が初犯刑務所に送られたら面会に来て下さい、とできるわけがないことを言うので教えてやると、じゃあ僕が面会に来ます、と無理なことを理解せずに言うのです。それも、いじらしくて可愛いものでした。

こういうタイプの人間は、刑務所では99％いじめの対象になってしまうので心配し、最低限の挨拶やマナーは教えました。そのような関係の中で気付かされたのは、私が

Tちゃんのためになっているのではなく、Tちゃんが私のためになっているということでした。

そのことは、何日かしてTちゃんが自分でちり紙を持ってきた時に気付いたのです。Tちゃんらしく、普通なら絶対に持ってこないであろう大量のちり紙を無雑作に胸ポケットに捻《ねじ》り込んできたという状態で、しかも「どう、僕、こんなに持ってきたんだよ!!」と誇らしそうに胸を張り、ちり紙を私に見せびらかすようにするのです。私と職員は思わず顔を見合わせて笑ってしまいました。

自分で持ってきたのか、偉いなあというように頭をなでてやるとニンマリして、余計に可愛いのです。この時、あれ、俺がこの子の世話をしてるのではなく、この子が俺を温厚で優しい仏様にしてくれているのだ、奉仕させてくれているのだ、と気が付きました。

今も私は、養護施設のために何かできた時によかったと喜ぶことができますが、「社会のため、誰かのために何かをすること」はこうして自分に喜びを与えてくれ、穏やかな善なる人間にしてくれる効果があるのです。どうか、そのような経験を大いに重ねて下さい。その時には相手からの礼など一切期待せず、自分がしたという時点で完結したことにして欲しいです。

それに付随しますが、私たち日本人は街中で知らない人には声を掛けたり、手を貸したりすることが少ない国民ですが、あなたには多くの人に声を掛ける、手を貸すという心を持って行動するように心がけてもらいたいと願っています。

世の中は自分一人では生きられないという言葉もありますが、その是非は別として自分一人のためだけには生きないで下さい。もし、あなたが政治にも強い関心を持ち、社会を改善しようという思いを持ってくれたなら尚のこと幸いです。政治や行政には多くの不都合や不備があります。

しかし同時に、あえてそれでよし、とする力、既得権益者もいるのです。それらの力を打破するのは並大抵のことではありませんが、諦めずに声を挙げ、一人でも多くの賛同者を募ることで、ある日、一気に動くこともあります。頭の片隅に置いてください。

心がけて欲しいことは、「どうせ動いたところでダメだろう」などと行動する前にもっともらしい言い訳をして、何もしないという人間にならないということです。**あなたが多くの人に声を掛け、その人たちがさらに多くの人に声を掛けていけば意識も**

状況も変わります。そう信じて下さい。

生きることは日々、挑戦だ

夢や目標を持ってください。ちょっと頑張ればすぐにできることではなく、相当の努力を要する夢を後ろに、その前に小さな夢や目標を並べることを考えて下さい。

そうして、それに向かって**日夜、自分を鼓舞する、駆り立てる、夢を見続けるのです。この「続ける」ということ自体、人間にとって偉大な才能になります。**

夢や目標は仕事上のこと、プライベートのこと、何でも構いません。今すぐに思い浮かばなければ、いろいろ動いてみることです。その中で見つかることもあります。

夢や目標は日々の中で己を叱咤激励してくれるものでもあるのです。

その夢や目標が、あなたの前に立ち塞がる壁を越える原動力、あなたを成長させる養分にもなります。壁を越えた時、それまでとは見える景色が変わるでしょう。そして、前を見るとまたもっと高い壁が見えるでしょうが、その時のあなたはそれを乗り越えたくなっているはずです。

そうやって繰り返していくことで、初めは絶対に無理だと感じていた壁を越える力が身についていきます。結果として、新たな夢や目標が現れ、あなたの生き方も変わっていくのです。もちろん成長という果実を手にしながらです。

あなたの人生、成果は、全てあなたの選択と行動にかかっています。何を選択するのか、よくよく見極めるためにも日頃の学びを怠らないことです。もし、あなたの周囲に夢や目標を持って努力している人がいれば、そのような人との交流を大切にして下さい。

できる人、志のある人の中に自分を置くことは、あなたのモチベーションを高めてくれる要素にもなります。人は誰と付き合うかによって少なからぬ影響を受けますが、金銭や物質的な損得ではなく、あなたに善と感じられる影響を与えてくれる人と接するようにして下さい。

私が期待するのは、**あなた自身が他者に善の影響を与える存在になってくれること**

です。そのためには上を見て挑戦を続けていかなくてはなりません。人生は損得で考えるのではなく、己の信念を基準に考えて下さい。目先の損得でころころ変わる人の多い世の中であるだけに、そのような芯のない生き方をして欲しくありません。**世間や社会が評価する損得などはどうでもよいこと**です。

あなたが確固とした信念や信条を持ち、たとえ損と映ってもそれを守る生き方ができればいいと考えて下さい。それが、「自分を生きる」ということなのです。

日常の仕事や生活においては、細かいことも等閑《なおざり》にせず、「地道に愚直に」を心がけます。自分に与えられた仕事は、どんな仕事でも全力でやって下さい。自分の好き嫌いで手を抜く人間になってはいけません。これは自分への裏切りでもあります。そして、やる以上は圧倒的な努力を常とし、一流を目指すのです。**あなたには目標を目指して達成する権利も自由もあります。**

本書で再三にわたって述べましたが、「時間は命」です！「時間の使い方は練習によって改善できる。だがたえず努力しないかぎり仕事に流される」(『経営者の条件』ダイヤモンド社)と、かのピーター・ドラッカーも語っています。些細なことであろうとも、時間の蓄積によって途方もなく大きなものになることを意識して下さい。

あなたには輝かしい未来の時間がありますが、意識するかどうか、行動するかどうかで有意義な人生になるか、単に消化しなければならない膨大な時間になるかが決まるのです。是非、有意義な人生にして下さい！

誰の人生でもなく、あなたの人生を最高のものにするのです！

「未来」を知る座右の言葉

あなたには輝かしい未来の時間がある！
目標を達成する権利も自由もある！
愚直な時間の積み重ねが、
途方もなく大きなものになることを忘れるな！

「これから」の本棚

『自省録』マルクス・アウレーリウス／神谷美恵子 訳（岩波文庫）

ローマ五賢帝の一人、哲人王とも呼ばれた皇帝アウレリウスが、我が身を戒めるための言葉を綴った珠玉の書です。日々、自らを反省し、よき人間であるために何が必要か、どうすべきかについて堅実な示唆を与えてくれます。己を客観的に見る鑑としても座右に置いておくべき一冊です。

『人新世の「資本論」』斎藤幸平（集英社新書）

地球には「コロナ禍」の他にも「気候変動」という大きな課題があり、巷間では「成長か、環境か」と二者択一を迫る声が主流です。本書はそのような二項対立を超え、持続的な道はないか模索し、解決策としての脱成長経済を提示しています。これからの時代を生きるあなたが知っておくべき一冊です。

『良き人生について』ウィリアム・B・アーヴァイン／竹内和世 訳（白揚社）

古代ローマの哲人セネカ、エピクテトス、ムソニウス・ルフス、マルクス・

アウレリウスの思想と言葉は、数千年の時が流れていても、人類に普遍とわかります。質のよい人生とは何か、どのように生きることなのか。繰り返し読み、自らの人生に活かして下さい。

『人生の勝算』前田裕二（幻冬舎文庫）

八歳で頼るべき親を喪った著者の人生奮闘記。常に前向きな姿勢と、その時々の中で最善を尽くし、ハードワークを厭わない精神が素晴らしいです。ビジネスにおいての視点でも「利益よりも人の役に立てる、各人が活躍できること」を優先していることを参考にして欲しいです。

『「社会を変える」を仕事にする』駒崎弘樹（ちくま文庫）

自分一人で何ができるのか、自分の人生を社会のために有意義に使うにはどうするのか。そんな大きな視野で己を見つめ、行動するきっかけになればいいなと願う一冊です。自分の人生を自分のためだけに使うのではなく、もっと大きなものも含めて使うのだと考えてください!!

おわりに

本書があなたにとって何らかの収穫になることを願っています。

本書を通じて私があなたに伝えたかったことは「人生は一回限りのもの」であることと、あなたに是非とも「自分にしかなり得ないなにものかになって欲しい」ということでした。

そのためにはどうするのか、何を学び、何を身につけ、何に関心を持ち、その上であなたとあなたの生きる社会とのかかわりをどのように意識してもらいたいのかを綴ってきました。

大した夢も目標もなく、のんびりと楽に生きたいという人には本書は役に立たないものでしょうが、仮にそういう人が読んだ時、意識を転換してくれることを願っています。

人がこの世に生まれてくる、しかもそれが自分自身だということは途方もない確率の結果でもあるのです。個々の誕生は稀少の中の稀少と言えます。その稀少な存在のあなたの人生はたった一回のものです。その尊さを改めて熟考してみて下さい。

一回性の人生ゆえに徹底して自身の内にある資源を掘り出し、磨き、使い果たすという生き方を模索して欲しいのです。現状に安住することなく、己を駆り立て、熱き心と穏やかな表情で常に高みに挑む人生であって欲しいのです。

何があっても淡々として引き受け、そこで頑張り、自分を鍛え、成長につなげてくれることを望んでいます。愚痴や言い訳も自身への侮辱だと知って下さい。そして、自分に正直に、他者に誠実に生きて下さい。

日頃から学び鍛えておく、それを怠らなければ、自分が望んだ仕事に積極的に取り組むことができます。そうして、人生で最高と言える自分を作ることもできるのです。人生で燃えるのは最期を迎えた後の火葬場の棺の中、というのは寂しいものです。そうならないためにも、自分が熱意を持って取り組める仕事をして下さい。

どんな仕事でもあなたらしさを忘れず、その時々の気分や状況に左右されず、流されず、自らの夢や目標に向かって最善を尽くすのみ！　そんな人生を生きて下さい！

生きるとはいい時ばかりではありません。悪い時にこそ、その人の本性や実力が現れます。理想や夢を抱いてひたすら自分の道を愚直に進む、その積み重ねが、「自分にしかなり得ないなにものかになる」土台となるのです。

その過程には愚か過ぎた私が失敗した人格の陶冶、徳の涵養も忘れないようにして下さい。人として立派な人格を培い、周囲によい影響を及ぼしてくれることを期待しています。

人は口先ではなく行動です。自らの言葉には責任を持ち、発した言葉と行動は必ず一致させて下さい。人生の終焉で、あれもしたかった、これもしたかったと悔いが残らないように生きることです。

あなたが自らの未来をどのようなものにするのか決めるのです。あなたの思考、あなたの知識、あなたの行動の全てがあなたの未来を築きます。

あなたの未来は既に今、ここから始まっているのです。さあ、新たな気持ちで輝ける未来に踏み出して下さい。

健闘を願っています!!

美達大和

美達大和（みたつ・やまと）
1959年生まれ。無期懲役囚。刑期10年以上の受刑者が収容される「LB刑務所」に服役中（仮釈放は放棄）。著書に『人を殺すとはどういうことか』『死刑絶対肯定論』（共に新潮社）、『私はなぜ刑務所を出ないのか』（扶桑社）、『人生を変える読書』（廣済堂）、『女子高生サヤカが学んだ「1万人に1人」の勉強法』（プレジデント社、後に小学館文庫）、『日本と韓国・北朝鮮 未解決問題の真実』（育鵬社）。小説では『マッド・ドッグ』（河出書房新社）、『牢獄の超人』（中央公論新社）など。これまで8万冊以上の本を読破。現在も毎月100冊以上読む。
◎無期懲役囚、美達大和のブックレビュー
http://blog.livedoor.jp/mitatsuyamato/
近現代史、各種社会問題、仕事、自重筋トレ、長期刑務所と受刑者などのテーマについて情報を提供しているので一読を！

あなたが未来に選択肢を残すための
「よりよい」生き方

2021年3月22日　第1版第1刷発行

著者　美達大和

発行所　WAVE出版
〒102-0074 東京都千代田区九段南3-9-12
TEL 03-3261-3713　FAX 03-3261-3823
振替 00100-7-366376
E-mail：info@wave-publishers.co.jp
https://www.wave-publishers.co.jp

印刷・製本　シナノパブリッシングプレス

NDC159　271p　19cm　ISBN978-4-86621-328-6